W0331691

China
Impressionen
einer Reise

中国

VEB F. A. Brockhaus Verlag
Leipzig

China
Impressionen einer Reise

Thomas Billhardt (Bild)
Otto Mann (Text)

Die Autoren fühlen sich allen zutiefst verpflichtet, die diesen Band möglich gemacht haben. Besonderer Dank gilt dem Ministerium für Kultur, dem Journalistenverband und der Fotografenvereinigung Chinas, dem Verlag »China im Bild«. Dank auch an UNICEF für die Unterstützung.

ISBN 3-325-00208-0

1. Auflage
© VEB F. A. Brockhaus Verlag Leipzig, DDR, 1989
Lizenz-Nr.: 455/150/43/89 · LSV 5329
Konzeption und redaktionelle Arbeit:
Hans-Joachim Eckert / Liane Protzmann
Lektor: Ingrid Ritter
Buchgestaltung: Rudolf Grüttner
Printed in the German Democratic Republic
Gesamtherstellung:
Druckerei Fortschritt Erfurt
Redaktionsschluß: 26. 8. 1988
Bestell-Nr.: 586 169 9
05200

Hoch oben, da wo unsere Erde von ewigem Eis und Schnee bedeckt ist, herrscht die Stille. Es ist die Einsamkeit der unendlichen, menschenleeren Weite, wo Leben nicht gedeihen kann. Nur der Himmel und die Legenden sind nah. Abweisend und feindlich wirkt diese Welt, in die sich kaum Getier verirrt, aufgestört nur durch ein paar Bergsteiger dann und wann. Stürme toben hier, kristallene Nebelschwaden wallen, hüllen die gefrorene Hochwüste in graue Schleier. Manchmal legen sich die Winde zur Ruhe. Dann bricht jäh die Sonne durch, und nun ist die Luft so klar, daß die Massive des Himalaja und alle anderen Berge des mächtigen Hochplateaus von Qinghai und Tibet zusammenrücken, die bizarren Gipfel scheinen zum Greifen nahe, gehauene Diamanten in einer Atmosphäre von schier absoluter Transparenz. Aber immer bleibt es klirrend kalt. Selbst der Feuerball wirkt vereist, der seine Strahlen aussendet auf eine Landschaft, die erstarrt ist und tot schiene, wenn nicht aus dem Golf von Bengalen Monsunwinde die regenschweren Wolken herantrieben, die hier auf die unterkühlten Luftmassen des Festlandes stoßen und ihre Wassermassen abgeben. Die gefrieren sofort zu Schnee oder Eis, gerinnen zur gewaltigsten Gletscherlandschaft unseres Planeten, in der kein Platz ist für das Grün der Bäume und erst recht nicht für den Menschen. Nur der Yeti zeigt sich mitunter, der sagenhafte Schneemensch, dem dieser oder jener an den tiefer gelegenen Hängen begegnet sein will.

Und doch wird hier oben das Leben geboren, sammeln sich jene Kräfte und Energien, die einem Teil des größten Kontinents seinen Odem einhauchen, den er braucht, um Pflanze, Tier und endlich Mensch werden und gedeihen zu lassen, ein Atem von grimmiger Kälte, die uns zu ersticken droht, ein Hauch des Lebens aber auch von nie versiegender Fruchtbarkeit schon lange bevor das Tal zur Wiege der menschlichen Zivilisation wurde. Ebenso wie in Europa die Alpen die Donau gebären und den Rhein, den Po und die Rhône, mit den dazugehörigen Ländern und Kulturen, so quillt aus dem Schoß des doppelt so hohen Qinghai-Tibet-Plateaus das Lebenswasser. Es speist die gewaltigsten Ströme Asiens und nährt seine bedeutendsten Kulturen. So sammeln sich aus dem Schmelzwasser der Gletscher und der Schneedecke winzige Rinnsale zu Bächlein, die zu Bächen werden, bevor sie zu Quellflüssen anschwellen, die wiederum zum Fluß werden. Wo er sich in süd-südwestlicher Richtung seinen Weg sucht, wird er später Indus heißen. Der tibetische Yarlong Zangpo heißt bald schon Brahmaputra, der sich in den Ganges ergießt – beide Ströme, der Indus und der Ganges, befruchten seit Menschengedenken die Landmasse des indischen Subkontinents. Andere Flüsse, die hier im nackten Hochland entspringen, nennen wir Mekong, Salween und Irrawady, es sind die großen Ströme Südostasiens, die in Laos, Burma und Vietnam, in Thailand und Kampuchea den Reis wachsen lassen.

Auch der längste und wasserreichste Strom Asiens nimmt hier oben seinen Anfang. Noch heißt er Tuotuo, und erst seit 1976 gilt er amtlich als der längste von fünf wichtigen Quellflüssen des Changjiang. Zwischen dem Himalaja-Bogen im Süden und der Kunlun-Kette im Norden, an den Südwesthängen des Geladandong-Massivs der Tanggula-Berge fangen die Rinnsale, Bächlein und schließlich Quellflüsse an, sich zum mächtigen Strom zu vereinen. Und je weiter er sich seinen Weg zunächst nach Süden, dann aber konsequent nach Osten sucht, um so gründlicher beschließt Asien, China zu werden.

Wir können den Wasserlauf Yangtsekiang heißen, oder Yangtse, wie wir ihn aus frühen Schulbüchern kennen und wie er in Südchina noch heute genannt wird. Am besten aber nennen wir ihn Changjiang, den »Langen Strom«, denn diesen Namen haben die Chinesen selbst ihrem Großen Drachen gegeben. Er wälzt sich durch ganz Mittelchina, vom Qinghai-Tibet-Plateau durch die Provinzen Yunnan, Sichuan, Hubei, Hunan, Jiangxi, Anhui und Jiangsu, bevor er sich bei Shanghai behäbig und schwer dem Meer ergibt. Er hat dann 6300 Kilometer hinter sich und bleibt damit auf der Erde nur hinter dem Amazonas und Nil zurück. Er hat 700 größere Nebenarme in sich aufgesogen und mit 1,8 Millionen Quadratkilometern rund ein Fünftel der chinesischen Landmasse bewässert, auf dem 300 Millionen Menschen leben und 27 Millionen Hektar bebauen, mit Reis, Baumwolle, Weizen, Raps, mit Seide, Tee und Tabak. Mehr als 30000 Kilometer Deiche halten ihn sicher in seinem Bett, Tausende Abflußkanäle und Schleusen sorgen für sein Gleichgewicht, knapp 40000 Stauseen füllt er auf und gibt Energie an mehr als 23000 Kraftwerke ab. Fruchtbar sind seine Lenden wie der Samen des mächtigen Drachen, denn das Wasser des Lebens hoch droben auf dem Plateau wird nie alle: Der Geladandong und ein gutes Dutzend anderer Sechstausender haben Eis- und Schneevorräte gespeichert, die auf 600 Kubikkilometer geschätzt werden. Eintausend Milliarden Kubikmeter trägt der Strom alljährlich ins Meer, zwanzigmal so viel wie der Huanghe, der Gelbe Fluß, sein gleichfalls respektabler Partner im Norden, der sich allerdings durch häufigen Bettenwechsel, verheerende Überschwemmungen und gewaltige Schlammmassen einen schlechten Namen gemacht hat und auch die »Sorge« Chinas geheißen wird.

Beide Ströme sind Wiegen der chinesischen Zivilisation, denn in ihre fruchtbaren Senken hat die Schöpfermutter Nüwa die kleinen Figuren aus Ton gesetzt, denen sie dann den Atem des Lebens eingeblasen hat . . .

China. Jeder wird andere Vorstellungen damit verbinden, andere Bilder vor sich sehen. Jedem wird anderes in der Erinnerung geblieben sein, die sich aus dem Geographieunterricht, der Lektüre und dem Fernsehen nährt. Von Bronzeinschriften haben wir erfahren, die vier Jahrtausende alt sind, von Kaisergräbern und

unter vielen Erdschichten vergrabenen Tonkrieger-Armeen in Schlachtenformation, vom Wechsel der Dynastien, von gebundenen Mädchenfüßen, von Zöpfen und Stäbchen. Wir haben vielleicht von den Abenteuern Marco Polos gehört, sehen Pagoden und Paläste vor Augen, haben uns an Rollbildern und hauchzarter Seide gefreut, über die ehrwürdige und zugleich turbulente Peking-Oper gestaunt und Sagenhaftes über die Gaumenfreuden im Reich der Mitte vernommen. Vielleicht sind uns Liebesgedichte von Li Bai in die Hand gefallen oder eine versprengte Ausgabe des erotischen Romans Jinpingmei aus der Ming-Zeit, jener Zeit, die auch die herrlichen blauweißen Vasen hervorgebracht hat. Manches gilt als »typisch Chinesisch«, und doch ist die Wirklichkeit weit entfernt vom Klischee. »Die Chinesen essen Reis« hat nie gestimmt bis zur Befreiung, denn Reis konnten sich nur die Bessergestellten leisten, und die ihn anbauten mit krummen Rücken und nackten Beinen hinter schweren Holzpflügen, mußten mit Kleien und Hirse vorlieb nehmen. Ebensowenig tranken »die Chinesen« Tee, sondern zumeist nur heißes Wasser, und in Seide haben sie sich schon gar nicht gekleidet, sondern in Lumpen.

Wahr hingegen ist, daß die Chinesen vieles eher kannten als »wir«, das Porzellan und das Papier nämlich, den Kompaß und das Schießpulver, mithin also auch erlesenes Geschirr und den Buchdruck, die Navigation und die moderne Kriegführung. Und daß China die älteste lebendig gebliebene Hochkultur unserer Tage besitzt, überzeugend und faszinierend weniger durch ihr Alter als vielmehr durch die Leistungen, die sie hervorgebracht hat – und die sie weiter hervorbringt, unter schwierigsten Bedingungen, denn: Chinas bedeutendster Superlativ, seine größte Stärke ist zugleich seine größte Schwäche – viele Menschen auf sehr wenig Ackerland.

Daraus erwuchs die Herausforderung, als nach dem Sieg über die japanischen Eroberer 1949 auch die nationale Reaktion zerschlagen war und das neue China auf die Weltbühne trat. Daraus erwächst die Herausforderung auch in unseren Tagen, in denen sich Chinas Bevölkerung auf eine sehr gute Milliarde verdoppelt hat. Wenn sich vitale Stränge und charakteristische Züge der chinesischen Zivilisation über Jahrtausende erhalten haben, so haben wir die Ursachen dafür in immenser Lebenskraft zu suchen, aber auch in der enorm ausgebildeten Fähigkeit, sich anzupassen an die Umstände. Erstarrung und Verfall waren stets die Ursache für das Vergehen von Epochen, Dynamik und Wandel die Voraussetzung für neue Blüte.

So sind wir neugierig geworden auf China. Was ist noch da von dem, was wir zu kennen meinten? Wohin führt der Weg eines reichlichen Fünftels der Menschheit, der seit 1978 eingeschlagen wurde, als die weltstärkste Kommunistische Partei ihre Fehler aus den Jahren der »Kulturrevolution« und den Jahren davor analysierte und mit ihrer Überwindung und dem Aufbau des Sozialismus chinesischer Prägung begann? Was hat es mit Reform und Öffnung auf sich, mit Verantwortungssystem und Spezialisierten Haushalten, mit entwickelten Küstenstädten und Sonderzonen? Und wie sieht er aus, der neue Lebensstandard für Hunderte Millionen, die nun auch Reis essen und nicht nur Tee trinken?

Wir haben uns umgesehen im neuen China, haben ein gutes Stück bereist. Wir sind in Tibet der faszinierenden Symbiose von Lamaismus und Sozialismus auf der Spur gewesen und drei Tage lang den Changjiang hinabgeschwommen, durch drei Provinzen. Wir haben die Bauern in Sichuan gefragt und die Arbeiter in Wuhan, waren zu Gast bei den nationalen Minderheiten in Yunnan und zu Besuch im altehrwürdigen Kaifeng, standen Auge in Auge mit den Tonkriegern in Xi'an, haben uns in Shanghai umgesehen, die Seidenweber von Suzhou aufgesucht und die Teepflückerinnen von Hangzhou. Wir haben in Kanton Südchina geschnuppert und auf der Insel Hainan Station gemacht, wo die jüngste wirtschaftliche Sonderzone im Werden ist. Wir haben den Kaiserpalast und die Große Mauer bewundert und die malerische Karstlandschaft an den Ufern des Li-Flusses in Guilin auf uns wirken lassen. Gelegentlich sind wir IFA-Fahrzeugen begegnet und häufiger Fragen nach unserem Land, seiner Wirtschaft, seinen Sportlern. Wir waren mit Erich Honecker in der Hauptstadt und in den Provinzen unterwegs, konnten beim XIII. Parteitag zuhören und die Wahlen zum neuen, dem Siebenten Volkskongreß verfolgen. Eine breite Palette von Möglichkeiten also, die uns unsere chinesischen Freunde geboten haben, zu Zeiten, in denen sie selbst die Hände voll zu tun hatten. Aber sie wußten, daß wir nicht als Touristen unterwegs waren, sondern Fragen stellen wollten, nach ihrem Leben, ihrer Zukunft, nach Dingen, die uns alle angehen. Die Antworten wollen wir vor allem in Bildern geben. In Betrieben und auf Dörfern, in Landschaften, in Pagoden und Klöstern, auf Straßen und in Schulen haben wir sie gefunden, nirgends aber so sprechend und so überzeugend wie in den Gesichtern der Menschen, im Lächeln der Kinder . . .

Wir haben Eindrücke gesammelt, Momentaufnahmen gemacht, haben Farbpunkte gesetzt, einige Linien im Wort nachgezeichnet, gelegentlich Zusammenhänge skizziert. Wenn damit Neugier nicht befriedigt, sondern geweckt, Interesse nicht gesättigt, sondern angefacht wird, wenn die Liebe zu China und seinen Menschen wieder ein Stück gewachsen ist, haben wir unser Ziel erreicht – die Annäherung an ein uns nahes, fernes Land.

Peking – Gesichter einer Stadt

Eine Stadt hat Gesichter. Sie wechselt sie häufig, unverhofft oder mit Muße, Lichter und Farben verändern sich ohne Unterlaß, der Geruch in den Straßen, der Rhythmus der Bewegung. Die Stadt kommt uns verschlafen, oder sie zieht uns hinein in ihre Hektik, zeigt sich verspielt oder satt, sie schaut erhaben drein oder voller Übermut. Sie mag sich verschlossen geben wie hinter einer Maske, mal wieder verwirrend lebendig, oder – und das ist der Glücksfall – sie lächelt uns an und nimmt uns auf. Dann entschleiert sie ihre Geheimnisse, aber sie gibt sich nicht preis, so daß wir das Wundern nicht verlernen und die Neugier nicht ermüdet.

Neun Gesichter also? Neun wäre günstig, es ist die Glückszahl im uralten kosmologischen System, bewährt in kabbalistischen Spielereien, und so ruhen die drei Andachtsstätten im ehrwürdigen Himmelstempel, sie sind rund wie der Himmel, auf neun Podesten. Nur das Vielfache der Neun geht noch darüber, und so ist die Zahl aller Stufen, Quader und Balustradensteine des offenen Tempelaltars immer durch die Neun teilbar. Für die Zahl der Gesichter Pekings aber reicht die Neun nicht aus. Zu vielschichtig ist der Charakter der alten neuen Hauptstadt Chinas, zu gewaltig ist ihre Ausdehnung, zu groß die Zahl der Menschen, die hier leben. So gilt es, sich beizeiten an die andersartigen Dimensionen dieses Landes zu gewöhnen, an größere Spannen im Raum und in der Zeit.

Eher neun Millionen Gesichter hat unsere Stadt. Soviele Menschen wohnen hier, in der Innenstadt, in den Randbezirken und in den angeschlossenen Kreisen, auf einer Fläche von mehr als 16000 Quadratkilometern, so groß wie die Bezirke Potsdam und Suhl zusammen. Fünf Millionen leben im eigentlichen Stadtgebiet, jeder auf rund fünf Quadratmetern im Durchschnitt.

Eng ist es immer gewesen in chinesischen Hauptstädten, und als Berlin urkundlich zum ersten Male erwähnt wird, ist im Raum des heutigen Peking bereits ein gut organisiertes Stadtwesen anzutreffen, auf den Ruinen früherer Märkte und Paläste, nach Mustern weit älterer Hauptstädte des Reiches der Mitte. Marco Polo, im Dienste des Großkhans Kublai der Mongolen, die im 13. Jahrhundert das Reich unterworfen hatten, gerät ins Schwärmen und vergleicht die Stadt zu jener Zeit mit einem Schachbrett. Sie besitze, so erzählt er, einen Grad von regelmäßiger Schönheit, der unbeschreiblich sei. In einem Umfang von 24 Meilen, beobachtet er, ist alles so regelmäßig angelegt worden, sind die Straßen so gerade gewesen, »daß man, wenn man durch eines der Tore in die Stadt kommt, das Tor auf der gegenüberliegenden Seite derselben erblicken konnte«. Und als Handelsplatz habe diese Stadt alle anderen Handelsplätze der Welt übertroffen, »denn nicht weniger als tausend Wagen und Packpferde, die nur mit roher Seide beladen sind, ziehen täglich in die Stadt ein, während hierselbst goldene Gewebe und Seidenstoffe aller Art in riesigen Mengen produziert werden«.

Das ehrwürdige, erhabene Gesicht dieser Stadt, ihr gereifter Ausdruck sind noch heute erkennbar, sind eingefangen in der sorgfältig restaurierten Kaiserstadt, in der exakt rechtwinkligen Anlage der Gassen im Zentrum und in den vielen Sehenswürdigkeiten, die dem Besucher zuallererst gezeigt werden: Tempel und Paläste, Parkanlagen und Prinzenresidenzen, die Lange Mauer und die dreizehn Gräber der Ming-Kaiser, von denen Yongle am meisten verehrt wird. Seit er beschloß, die Hauptstadt wieder hierher in den Norden zu verlegen, war Peking mit wenigen Unterbrechungen und unter manch anderem Namen die Metropole des Landes, gewachsen aus der wechselvollen Geschichte von Dynastien und den Launen ihrer Kaiser, verhaftet aber der Grundidee: China ist das Reich der Mitte, schon die beiden Schriftzeichen, mit denen man es schreibt, besagen das, und weit ins Dunkel der Geschichte zurück reicht der Anspruch des Herrschers auf einen Platz in der Mitte, im Universum und hier auf Erden. So liegt die Hauptstadt wiederum in der Mitte des Reiches. Sie ist quadratisch und von drei Seiten von Bergen eingefaßt. Nur nach Süden, der Sonne zu, ist sie offen. In ihrer Mitte liegt der Palast des Himmelssohnes in der »Verbotenen Stadt«, die rotummauert und mit Wehrtürmen eingefaßt ist. Wiederum in der Mitte, fast im Schnittpunkt der Diagonalen, steht der Kaiserthron. Noch heute steht er da, leer, angestaubt und angestarrt, genau auf der Nord-Süd-Achse, die Peking in eine Oststadt und eine Weststadt teilt. Nicht um ein Zentrum herum wie in Europa sind Chinas Hauptstädte gewachsen, sondern immer um diese Achse, an der dann auch alle wichtigen Bauten liegen, die sakralen wie die profanen: der Palast, der Himmelstempel und der in alter Pracht wiedererstandene Glockenturm im Norden. Auch die Pekinger »Meere« liegen hier, der Beihai- oder Nordmeerpark und das »Mittlere und Südliche Meer«, wie der Sitz von Partei und Regierung genannt wird – Zhongnanhai. Weitere Zweckbauten und Symbole der Neuzeit sind hinzugekommen auf dieser Achse und zu beiden Seiten. Gegenüber vom Tor des Himmlischen Friedens, dem ehrwürdigen Tiananmen, erhebt sich an der Südseite des gleichnamigen Platzes das Denkmal der Helden des Volkes. Auf Beschluß der Ersten Politischen Konsultativkonferenz des Chinesischen Volkes errichtet, bildet es als erste nach der Befreiung errichtete große Gedenkstätte den Kontrapunkt zur jahrhundertelangen Herrschaft der Kaiserdynastien, erinnert an jene Zahllosen, die ihr Leben der Revolution gegeben haben. Gemeinsam mit dem Mausoleum Maos, aber auch mit dem Palastmuseum, ist es die meistbesuchte Pilgerstätte Chinas, und einmal kommt jeder von den rund eine Million Besuchern her, die Peking täglich empfängt. Erhaben und weit ist der Platz des Himmlischen Friedens, das flächengrößte innerstädtische Freiareal einer Hauptstadt überhaupt. Großzügig und tolerant in seiner Anlage, gibt er der Harmonie der Moderne mit der Geschichte architektonischen Ausdruck. Symbolträchtiges auch an den Flanken des Platzes: das imposante Geschichts- und Revolutionsmuseum an der Ostseite, gespiegelt auf der Westseite vom Nationalen Volkskongreß, der Tagungsstätte des Parlaments. Beide Bauten wurden 1959 zum zehnten Jahrestag der Republik innerhalb von nur zehn Monaten errichtet, wie der Hauptbahnhof, der Nationalitätenpalast und die Galerie der Schönen Künste. Toleranz und Eintracht auch in der Symmetrie der Bildsymbole, wie sie an den Staatsfeiertagen auf diesem Platz zu sehen sind. Dann prangt gegenüber dem Bildnis Maos, das ständig am Tor des Himmlischen Friedens hängt, das Bild Sun Yatsens, des Führers der bürgerlich-demokratischen Revolution, die 1911 das Kaiserhaus stürzte und die Republik proklamierte. Östlich der

Mittelachse werden die Großtafeln mit Marx und Engels, westlich die mit Lenin und Stalin gestellt. Geschichte, Geschichtsbewußtsein wird offenkundig, die Rückbesinnung auf die Vergangenheit auch da gegenständlich, wo sie lange zurückreicht. Es scheint zu abgegriffen, zu einfach auch, China schlechthin in Kontrasten sehen zu wollen, findet sich doch Gegensätzliches auf engem Raum auch anderswo auf der Welt. Vielmehr lernen wir auf unseren Reisen, begreifen auf unseren Streifzügen, daß sich hierzulande Tradition und Fortschritt ständig durchdringen, so daß eine Reduzierung der Vielfalt auf alt und neu eine Verarmung bedeuten würde. Was uns stattdessen begegnet, symbolträchtig hier auf dem Platz im Herzen Pekings, unendlich variiert aber allerorten im Lande, ist die organische Einbindung der Geschichte in die Neuzeit, ist das mitunter hinderliche, gelegentlich kontroverse, insgesamt aber kontinuierliche Fortbestehen der längsten lebenden Hochkultur unserer Tage überall da, wo sie zum Quell für Schöpfertum und Schönheit gerät. Wir erleben später, auf Fahrten, die uns in ein Dutzend Provinzen, autonome Gebiete und regierungsunmittelbare Städte führen, häufig, wie die Pflege des überaus reichen Erbes die sozialistische Gegenwart befruchtet und wie stark die Wurzeln sind, die das China von heute mit dem von gestern verbinden. In der Hauptstadt aber brechen sich alle Probleme und Tendenzen des Riesenreiches, des drittgrößten Staates der Erde, der mit stetem Schritt – die Zeit der Großen Sprünge ist vorbei – seinen Weg sucht in eine bessere Zukunft für seine Menschen. Eine Milliarde sind es und noch einmal hundert Millionen dazu.

Laß dich nicht täuschen, Reisender, wenn du nach Peking kommst. Die von mehreren Baumreihen gesäumte Allee vom Flugplatz im Osten bis zum Stadtrand scheint menschenleer. Auch wenn du die ersten Neubauviertel an der Peripherie ausmachst, suchst du vergeblich nach den Menschenmassen, über die du gelesen hast, und an Werktagen mutet selbst der Platz des Himmlischen Friedens nicht gerade übervölkert an. Erst wenn du den Weg in die Südstadt findest und dich in die Hutongs, die Gassen, vorwagst, Pekings meistbesuchte Geschäftsstraße, die Wangfujing, betrittst, den Nachtbasar am Xidan erforschst oder sonntags in den Parks Entspannung suchst, badest du in der Menge, bekommst eine annähernde Vorstellung von dem wohl charakteristischsten Gesicht der Stadt, ihrem Menschenreichtum. Und wenn du eingekeilt bist in schiebende, lachende, eislutschende, mit Einkäufen behängte Fußgänger, wenn du an den Straßenrand drängen mußt, um stillezustehen oder zu fotografieren, wirst du kaum wahrhaben wollen, daß es in Shanghai und Kanton zum Beispiel noch voller ist.

Die Große Mauer, die ehrwürdigen Ming-Gräber oder die Westberge mit ihren ausgedehnten Tempelanlagen wirst du mit dem Bus besuchen müssen. In der Stadt aber laß dich führen von einem Kundigen, laß dich treiben und verzichte auf die rollenden Glaspaläste mit den sterilen Klimaanlagen, die dir den ach so unverwechselbaren Pekinger Geruch vorenthalten. Meide auch die abgeschiedene Behaglichkeit der stereobeschallten Toyota-Taxis, die Musik wird Kantonesisch sein, und du wirst durch Hauptstraßen rollen und oft genug im Stau steckenbleiben. Oder laß dich doch nur, wenn du dir die ständig überfüllten öffentlichen Busse nicht zumuten willst und dein Ziel nicht zu benennen weißt, dorthin fahren, von wo aus du nur noch zu Fuß weiter kommst. Auch hier wirst du gelegentlich an Nobelhotels oder Elektronikläden mit erstaunlichem Angebot vorbeikommen, aber du wirst Peking so kennenlernen, wie es kaum ein Pauschaltourist zu sehen bekommt, wirst die Lichter und Düfte, die Farben und die kleinen Details ausmachen, die die Stadt nur dem offenbart, der sich ihr öffnet, der Zeit mitbringt und Vorurteile zu Hause läßt.

Geh über die Märkte, sie findest du überall. Hier finden sich nicht nur die Stoffe und Bambusarbeiten, Gemüse, Früchte und Gewürze, die Haustiere und die Schnäpse ganz Pekings, sondern treffen sich auch die Hausfrauen und Arbeiter, die Soldaten und die Kinder, die Kantonesen und die Tibeter, die Bauern aus den Vororten und die vielbeschäftigten Preiskontrolleure.

Geh durch enge Gassen. Du wirst so manchen Blick hinter die Mauern werfen können, wo die Pekinger eng, aber sauber leben, wirst bestaunen, wie sie es verstehen, auf kleinstem Raum miteinander auszukommen und noch die letzten handtellergroßen Flächen mit Bambus oder Grünpflanzen zu schmücken. Geh in die Peking-Oper oder in den Zirkus. Sieh dir an, wozu jahrhundertealte Tradition und jahrzehntelang antrainierte Körperbeherrschung befähigen, versteckt in verwinkelten Gassen Künstlertrupps, die in Berlin und Paris ebenso begeistern wie in New York oder Tokio. Tritt ein in eine der winzigen Garküchen der Südstadt, wo die Gassen so schmal werden, daß auch kein Kleinwagen mehr hindurchkommt. Laß dich von einer Schale

scharfer Nudeln verwöhnen, laß dir zeigen, wie die Peking-Ente knusprig braun gebraten wird, oder nimm dir Zeit für Pekings beliebtestes Winter-Essen, den mongolischen Feuertopf mit Hammelfondue und Sesambrötchen . . .

Du wirst auch Rückständiges finden, Ärmlichkeit bemerken. Die Wohnbedingungen bleiben oft weit unter unserem Standard daheim. Die öffentliche Hygiene läßt durchaus zu wünschen übrig, und in der Enge bleibt selten Raum für Grünes oder Spielplätze. Die Kanalisation ist noch unzureichend, und die Mauern sind traditionell grau. Aber du wirst immer mehr Neues sehen, wirst bemerken, daß der Farbfernseher langsam ebenso zur Grundausstattung gehört wie Kühlschrank und Waschmaschine, daß vor den Türen die Motorräder der Jungen parken, daß das Warenangebot erstaunlich vielseitig ist. Und überall wird gebaut: Neubauviertel im Nordteil der Stadt zum Beispiel. Sie sind ebenso monotone Schlafstädte wie anderswo auf der Welt, für die Riesenstadt aber die wohl einzige Möglichkeit, das dringende Wohnungsproblem schnell zu lösen. Mehr Phantasie, mehr Traditionsbewußtsein zeigen oft die Kindergärten, die Schulen, die neuen Hotels.

Das sicherste Zeichen für bessere Zeiten indessen sind die Gesichter der Menschen, aus denen Beklemmung und Sorge gewichen sind, sind die lachenden Gesichter der pausbäckigen, gutgekleideten Kinder dieser Stadt. Bessere Zeiten für Peking. Sie haben mit der Gründung der Volksrepublik 1949 begonnen. Hier wie im ganzen Lande hat es den schweren Anfang gegeben, den großen Aufbauschub der fünfziger Jahre, der dann steckenblieb in unproduktiven linksextremistischen Kampagnen, die über Hochofen in jedem Hinterhof und Großen Sprung hinführten zur schlimmsten aller Kampagnen. Die »große proletarische Kulturrevolution« brachte zwischen 1966 und 1976 auch in Peking Chaos und Hunger, Mißwirtschaft und teure Fehlplanung, verhängnisvolle Irrtürmer, die in das Leben fast jeder Familie eingriffen.

Aber gerade von Peking gingen auch die großen Veränderungen aus. Seit hier im Jahre 1976 die »Viererbande« zerschlagen wurde, vor allem aber, seit die Partei Ende 1978 mit den Fehlern der Vergangenheit abrechnete und die Weichen neu stellte, wehen frische Winde. In Peking wurde das große Reformwerk konzipiert, das im letzten Jahrzehnt auf dem Lande und in den Städten zu deutlichen Verbesserungen des Lebens der Menschen geführt hat. Mehr Wohnungen wurden in diesem Jahrzehnt gebaut als in den dreißig Jahren davor, mehr Schulen und Krankenhäuser, Hotels auch für den anschwellenden Touristenstrom. Moderne Ringstraßen wurden angelegt, denn die Zahl der Fahrzeuge hat sich im letzten Jahrfünft versechsfacht. Das Stahlwerk der Metropole, es ist der größte Betrieb Pekings und beschäftigt mit seinen Kohle- und Erzgruben, mit den vielen Nebengewerben und Dienstleistungen weit über einhunderttausend Menschen, ist zu einem Schrittmacher der Reform- und Öffnungspolitik geworden, und viele andere Betriebe der Stadt wetteifern mit Produktionsstätten in Shanghai oder Xi'an, in Dalian oder Kanton um beste Qualität und höchste Arbeitsproduktivität. Ein Bummel über Pekings Geschäftsmagistralen oder durch das Elektronikviertel Haidian, ein Besuch in der Peking-Universität oder in der neuen Staatsbibliothek, Gespräche mit den Menschen zeigen, daß die Stadt dabei nicht schlecht abschneidet. Peking ist buchstäblich im Umbruch, gebuddelt wird allerorten, kein Viertel ohne die weithin gelbleuchtenden Baukräne, denn nirgendwo im Lande wird soviel gebaut wie hier. Peking streckt sich in die Breite und in die Höhe. Die Pläne der Stadtväter sorgen dafür, daß das historische Zentrum soweit noch möglich erhalten bleibt. Nach dem »Schüsselprinzip« – innen flach und außen hoch – wird die Stadt im Kern saniert und wächst zur Peripherie in die Höhe. Die alte Stadtmauer ist seit langem verschwunden, und nur wenige Stadttore sind restauriert und erinnern an den Grundriß des Mongolenkhans. Bald wird auch manche Gasse nicht mehr zu finden sein, denn Pekings Millionen brauchen Platz, der Riese muß atmen: Peking bebaut an jedem Tag über 14000 Quadratmeter Boden und trinkt über 900 Tonnen Bier; zu sechs Millionen Fahrrädern auf der Straße kommen 4500 Busse und O-Busse; die Stadt muß täglich 8000 Tonnen Abfälle verkraften und eine knappe Million Postsendungen befördern, ohne die 22 Millionen Zeitungen und anderen Publikationen, die täglich gelesen werden; mehr als acht Millionen fahren täglich Bahn oder Bus, und über 30 000 gehen ins Theater – Dimensionen einer Großstadt im Wachsen. Um so erstaunlicher für uns ist, mit welcher Sorgfalt Altes wiederaufgebaut wird. Da ist die alte Gelehrtengasse Liulichang mit ihren Antiquariaten, Antiquitätenhandlungen und den Läden für Drucke, Pinsel und Tusche schöner entstanden als je, ist der Dao-Tempel im Südwestteil der Stadt wieder zu besichtigen. Und Pekings Wahrzeichen werden fortlaufend restauriert, allen voran der Kaiserpalast im Herzen der Innenstadt und die Große Mauer, das Lamakloster Yonghegong, der Konfuziustempel, das Kaiserliche Archiv, die Klöster zur Azurblauen Wolke und zum Schlafenden Buddha in den Bergen vor der Stadt. So zeigt uns die Stadt immer wieder wechselnde Gesichter, offenbart uns ihre Lebensart, lehrt uns die Menschen kennen.

Wenn du im zeitigen Frühjahr kommst, wirst du das chinesische Neujahrs- oder Frühlingsfest miterleben, oder das Laternenfest. Im Herbst werden auf dem Tiananmen-Platz die Drachen steigen. Das ganze Jahr aber wird häufig die Sonne scheinen, und wenn nicht gerade die Staubstürme aus der Gobi über der Stadt toben, macht das Bummeln allemal Spaß. Es lohnt sich, die Textilmärkte zu besuchen, wo die neue Hongkong- oder Japan-Mode chinesischen Ursprungs ist. Es lohnt sich, einmal in eine alte Apotheke hineinzusehen oder das fünfhundert Jahre alte Observatorium zu besteigen. Wenn du Glück und beizeiten aus dem Bett gefunden hast, wirst du die Greise und alten Frauen auf den Straßen und in den Parks antreffen, die in gemessenen Bewegungen ihr allmorgendliches Taijiquan absolvieren. Schon um sechs in der Frühe sind sie zur Stelle, auch im trockenen und kalten Winter, um sich in die ausgewogenen Abläufe des Schattenboxens zu vertiefen, fließend und harmonisch in der Bewegung, entspannend für Körper und Geist. Ebenso harmonisch, aber erheblich dynamischer geht es bei den Jüngeren zu, die ihr Kongfu betreiben. Manchmal mit dem Schwert bewaffnet, erfolgen die Übungen so rasch und kraftvoll, daß du ihnen kaum zu folgen vermagst und erst aufatmest, wenn der Überschlag aus dem Stand zum Abschluß gelungen ist. Ein paar Schritte weiter stößt du bestimmt auf einen improvisierten Vogelmarkt. Schwarzgekleidete ehrwürdige Großväter mit braungebrannter Glatze haben ihre Lieblinge in ausgesprochen hübschen Bambuskäfigen an die Bäume gehängt, wo alsbald ein fröhlicher Sängerwettstreit anhebt. Andächtig lauschen Besitzer und Besucher, begutachten, bewundern oder beneiden, je nachdem. Der Handel ist zweitrangig, wichtig ist, welche Vögel am schönsten und am ausdauerndsten singen. Das dauert bis in den späten Vormittag. Dann stülpen die Opas den Bambusgeflechten eine blaue Tuchkappe über und tragen deren Bewohner schlenkernd, um ihren Gleichgewichtssinn zu trainieren, wieder nach Hause. Um diese Zeit setzt die Oma auch wieder ihren Enkel in den Bambuskinderwagen, und die vielen Kindergärtnerinnen – zumeist eine für drei Kinder – bringen ihre Schützlinge in Großraum-Kinderwagen unter, die neun Kinder fassen. Die kleinsten sind oft glatzköpfig oder so geschoren, daß nur ein winziger Pinselstiez vom Schädel ragt, und sie sind nacktärschig, weil ihre Hosen im Schritt offen sind – um kleine und größere Bequemlichkeiten zu ermöglichen ohne umständliches An- und Auspellen . . .

Komm als Freund in die Stadt, und sie wird dir freundlich begegnen. Die Freundschaft zwischen unseren Ländern reicht weit zurück. Sie hat ihre Wurzeln in der Solidarität der deutschen Arbeiterklasse mit dem chinesischen Volk, als dieses gegen Kolonialismus und Imperialismus kämpfte. Deutsche Arbeiter haben Stimme und Faust erhoben, als das deutsche Kaiserreich sich in Jiaozhou in Shandong eine Scheibe von China abschneiden wollte, und sie haben sich später mit dem antijapanischen Kampf des chinesischen Volkes solidarisiert. Die chinesischen Kommunisten erhoben ihre Stimme gegen den faschistischen Terror in Deutschland, forderten die unverzügliche Freilassung Ernst Thälmanns und halfen deutschen Polit-Emigranten. Die theoretische Grundlage des Sieges der chinesischen Revolution waren der Marxismus-Leninismus und die Mao-Zedong-Ideen, und als die Volksrepublik im selben Atemzug der Geschichte im Oktober 1949 fast gleichzeitig mit der DDR gegründet wurde, stand unser Staat in der vorderen Reihe derer, die China beim schweren Anfang halfen. Was Wunder, wenn Erinnerungen an diese Zeit auch heute noch eine Rolle spielen, wenn sich Delegationen unserer Staaten besuchen, Traditionen bester Art wachgehalten werden. Es hat Stillstand und Rückschläge gegeben in den sechziger und frühen siebziger Jahren, aber diese Zeit ist überwunden, und das letzte Jahrzehnt hat einen beispiellosen Aufschwung beim Ausbau der Freundschaft und Zusammenarbeit gesehen. Wer Augenzeuge war in Peking, konnte beobachten, wie das Netz der Gemeinsamkeiten enger geknüpft wurde, wie die Zahl und die Vielfalt der Kontakte zugenommen hat. Ein langfristiges Wirtschafts- und Handelsabkommen wurde unterzeichnet, und seine Realisierung wird von einem gemeinsamen Wirtschaftsausschuß überwacht und von Jahresprotokollen fortgeschrieben. Es gibt feste Vereinbarungen über die Zusammenarbeit auf wissenschaftlich-technischem Gebiet, in der Kultur, im Sport, zwischen den Hochschulen, zwischen allen Ministerien. Kühlzüge aus der DDR rollen auf chinesischen Gleisen, und Lastkraftwagen aus der DDR auf chinesischen Straßen gehören zum Alltag ebenso wie Textilien und Konserven aus der Volksrepublik in unseren Geschäften; aber auch Rohstoffe, Halbfabrikate und verschiedene Fertigprodukte sind für uns wichtige Importgüter. In vielen chinesischen Betrieben wird mit Maschinen aus der DDR gearbeitet, und Pekings größte Tageszeitungen werden teilweise auf Polygraph-Anlagen gedruckt. Die Parteien, Massenorganisationen und die Massenmedien beider Länder arbeiten zusammen, und der Austausch von Wissenschaftlern und Studenten ist zur Regel geworden. Berlin konnte einige Tonkrieger aus der Armee des Qinshihuang bewundern und Peking die Deutsche Malerei des 19. Jahrhunderts betrachten. Die chinesische Luftfahrtgesellschaft CA und die INTERFLUG haben ihre Liniendienste zwischen Peking und Berlin aufgenommen, und der Tourismus kommt langsam in Gang.

Der Besuch unseres Generalsekretärs und Staatsratsvorsitzenden Erich Honecker im Oktober 1986 in Peking, Shanghai und Nanking hat anknüpfend an die gute Tradition der deutsch-chinesischen Bande eine neue Seite im Buch unserer Beziehungen aufgeschlagen. Auf allen Gebieten, so wurde konstatiert, ist es vorangegangen in der Zusammenarbeit, und auf allen Gebieten ist weiter voranzugehen. Viel ist geschehen seit diesem Besuch und dem Gegenbesuch des Generalsekretärs des ZK der KP Chinas, Zhao ziyang, in der DDR. Chinesische Politiker, Medien und Einzelpersönlichkeiten würdigen die Aufbauleistungen der DDR bei der Verwirklichung der Beschlüsse des XI. Parteitages der SED. Wir schauen mit Anerkennung auf die Erfolge der chinesischen Reform- und Öffnungspolitik, die immer mehr Menschen des Riesenlandes zugute kommen und die vom XIII. Parteitag der KPCh erneut fortgeschrieben wurden. Außenpolitisch wissen sich beide Staaten einig im Kampf um Frieden, Sicherheit und Abrüstung, um ein besseres Leben für die Menschen in ihren sozialistischen Staaten.

Weitere Besuche, Verträge und Vereinbarungen haben Zeichen gesetzt. Im April 1988 erlebte Peking die umfangreichste Exportgüterausstellung der DDR in China. Wenig später begeisterten chinesische Zirkusartisten Zehntausende auf einer wochenlangen Tournee durch die DDR . . .

Als Freund nach Peking kommen. Noch einfacher, noch sinnerfüllter ist das geworden, denn seit 1988 sind Peking und Berlin Partnerstädte. Und weil wir auf gutem Wege sind und uns ständig näherkommen, auch weil die Verbindungen Rostock–Dalian und Leipzig–Nanking inzwischen dazugekommen sind, gilt für das ganze Land, was wir anfangs in Peking spürten: Komm als Freund nach China und es wird dich freundlich empfangen.

Der Beihai- oder Nordmeerpark ist der größte in Peking und gehört zu den ältesten Chinas. Die Blüte der Gartenarchitektur wurde in der 2500 Jahre alten südchinesischen Stadt Suzhou erreicht

Lauschige Pavillons gehören zu allen Parks und Gärten

Auf den folgenden Seiten:
Die Halle der höchsten Harmonie in der »Verbotenen Stadt«, dem Kaiserpalast, in Peking

38

Der Himmelstempel – die alte Opferstätte des »Himmelssohnes« – ist heute die größte Parkanlage Pekings

Ein weitflächiger Innenhof
des Pekinger Kaiserpalastes.
Hier paradierten die Truppen,
warteten Gesandte und Beamte
auf ihre Audienz beim
»Sohn des Himmels«

Reparaturwerkstatt für Fahrräder. Über sechs Millionen Drahtesel sind in der Hauptstadt registriert und mit Nummernschildern ausgerüstet

Vasen drinnen – Töpfe draußen.
Antiquitäten findet man zumeist in der Altstadt

Der Verkehr wird zum Chaos, ein Problem der übervollen Großstädte. In Spitzenzeiten ist man schneller zu Fuß

Moderne Hotelbauten wie das »Sheraton Great Wall« oder das »Kunlun« in Peking am Kanal verändern die Silhouette ebenso wie neuentstehende Wohnviertel

46

Auf Pekings Straßen – Momentaufnahmen

Der Besuch der Partei- und Staatsdelegation aus der DDR im Herbst 1986 schrieb ein neues Kapitel in der Geschichte der Beziehungen zwischen unseren Staaten. Neben Gesprächen auf höchster Ebene, Abkommen und Vereinbarungen bleibt Zeit für einen Besuch in der ehemals »Verbotenen Stadt« von Peking und einen Ausflug zu den Gräbern der Ming-Kaiser mit ihrer eindrucksvollen Prozessionsstraße

Begonnen wurde mit dem Bau der Großen Mauer vor rund 2200 Jahren. Die jüngsten Abschnitte stammen aus der Ming-Dynastie

Die Mauer wird fortgesetzt restauriert
und ist, wie hier bei Peking,
Anziehungspunkt für Einheimische und Gäste

Stahl wird immer mehr gebraucht. Im Nordosten, in Peking, Shanghai oder Wuhan gehört die Stahlindustrie zu den Bereichen mit der größten Wachstumsdynamik

Ganz China scheint eine Baustelle. Krane und Gerüste allenthalben in Städten und Dörfern. Großplattenmontage und gemauerte Wände, Stahlskelette und Bambusgerüste beherrschen die Szene. Vorrang hat der Wohnungsbau

Die Industrie wird immer mehr zur Schubkraft des Wirtschaftswachstums. Besonders in der langen Küstenregion werden Mittel und Erfahrungen aus dem Ausland genutzt. Das Verantwortungssystem stimuliert Leistung und Wachstum

Das große Lernen hat begonnen. Noch nie wurde soviel in die Volksbildung investiert, wie heute. Besonders hoch ist der Bedarf an technischen Kadern

Moderne Fertigungsanlagen bestimmen immer mehr das Profil der Industrie des Landes

争名牌

58

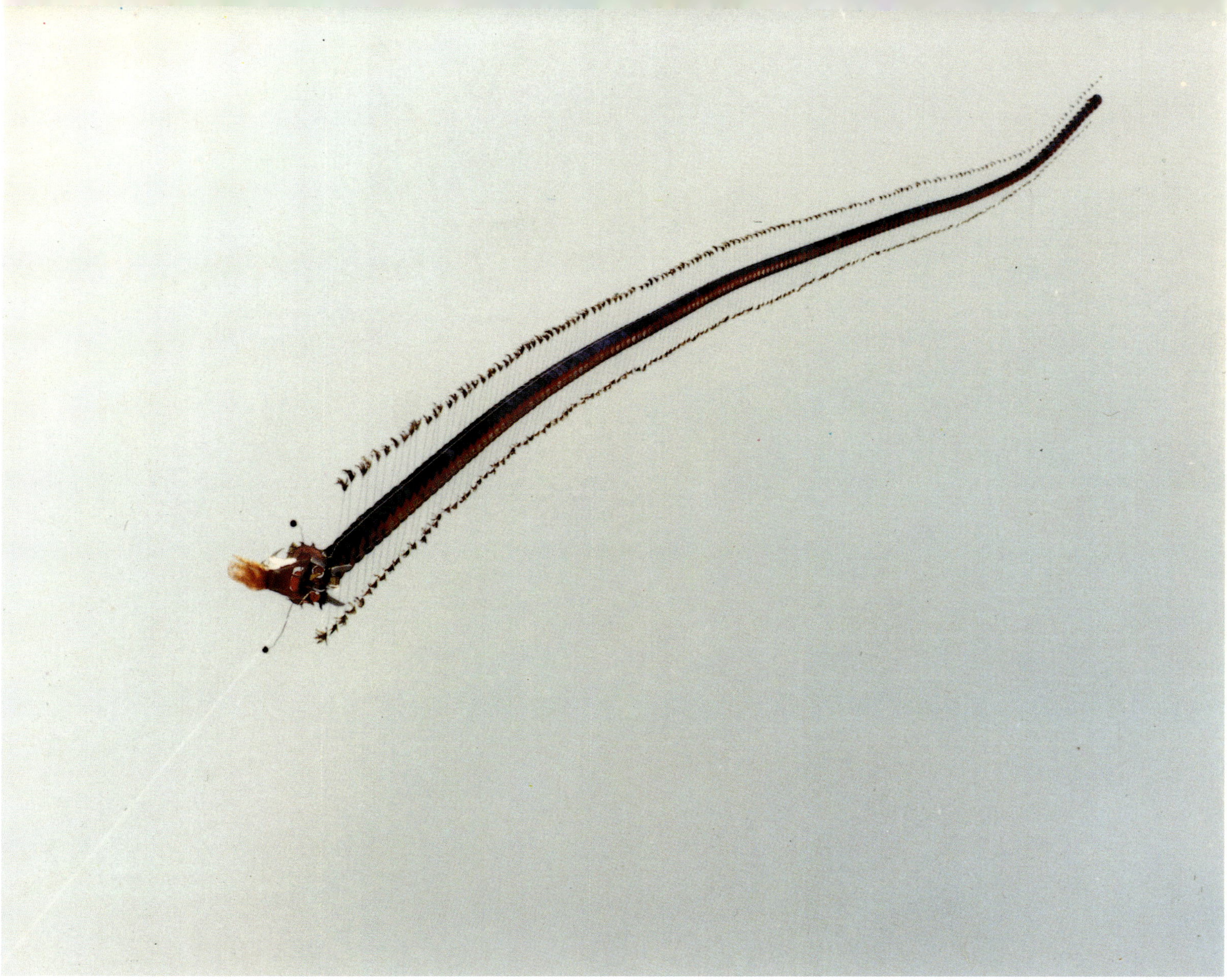

59

Spazierengehen und den fliegenden Drachen
zusehen – Sonntagsvergnügen
auf dem Platz des Himmlischen Friedens
im Zentrum der Hauptstadt

Chinesische Dimensionen:
Im kinderreichsten Land der Erde sind 350 Millionen jünger als 14 Jahre. Jährlich kommen zwischen 18 und 22 Millionen Neugeborene dazu

Anmut und Grazie zeigen viele,
aber der Fleiß bestimmt den Erfolg

Die klassische Oper erlebt eine neue Blüte. Lyrik und Kampf, turbulente Akrobatik und prächtige Kostüme schaffen eine unverwechselbare Atmosphäre.
Die aufwendige Maske dauert bis zu zwei Stunden

店

Mit zwölf Millionen Menschen platzt Shanghai aus den Nähten. Chinas größte Hafenmetropole steht vor immensen Problemen im Wohnungsbau und bei der Modernisierung der Infrastruktur. Der Stadtkern wird saniert, mit dem U-Bahnbau wird begonnen

Auf der folgenden Seite:
Der Huangpu und der Suzhou-Fluß zeichnen den Stadtplan von Shanghai. Die Dschunken dienen dem Transport
und sind nicht mehr Hausboote

Shanghai – Dynamik im Delta

Nach den schnellen Ringstraßen und den weiten Alleen der Pekinger Nordstadt, nach Arealen voller Tempelhallen und einer Fülle von Pagoden und Palästen mutet uns Shanghai an wie eine andere Welt. Shanghai ist in der Tat ein ganz anderes Stück China. Nicht allein deshalb, weil hier der Yangtse-Strom das Riesenreich in zwei Hälften zerschneidet, weil hier also der Landessüden beginnt, mit anderen Menschen, Gewohnheiten und Dialekten, mit anderer Kleidung, anderer Küche und unterschiedlicher Landschaft. Es ist mehr als dies. Shanghai scheint sich herauszuheben aus allen übrigen Großstädten Chinas, ist nicht nur uns, sondern auch schon frühen Reisenden, ja vielen Chinesen selbst, die am wenigsten chinesische Stadt.

Der alte Bund mit seinen Wolkenkratzern am Ufer des Huangpu sieht so unchinesisch aus wie auf den Postkarten, und doch: Wenn Shanghai ein Zentrum hatte und hat, so liegt es hier, an dieser noch immer oder auch wieder majestätischen Prachtstraße, die Vergangenheit und Geschichte atmet, allerdings nicht den Odem der Jahrhunderte. Was hier hoch aufragt an ehemaligen Großbanken, Konsulaten und Hotels im Kolonialstil, an Zollämtern, Klubs und Geschäftshäusern, erhaben hinabblickt auf den träge dahinfließenden oder zu Hochwasserzeiten auch reißenden Huangpufluß, ist jüngeren Datums, ist geworden und gewachsen zu Beginn unseres Jahrhunderts in den Gründerjahren der chinesischen Industriegeschichte, und auf den ersten Blick scheint sich das Stadtbild hier wenig verändert zu haben, die unverkennbare Silhouette der Hafenmetropole zumindest nicht, die Vergleichbares nicht kennt in ganz China. Nun verändern sich Hafenstädte immer langsamer als andere. Das Wasser hält sie in Grenzen, die Ufer zeichnen ihren Stadtplan. Auch hier liefert der Fluß den großen Entwurf, und obwohl es ja nur der Huangpu ist, an dessen Gestaden Chinas bevölkerungsreichste Stadt gewachsen ist – erst 25 Kilometer stromabwärts gelangen wir zum Changjiang –, gibt er, gemeinsam mit dem Wusong- oder Suzhoufluß, der Stadt ihr unverwechselbares Gesicht.

Mehr Wasser aber hat an der Geschichte der Stadt mitgeschrieben, als uns der in der Sonne glitzernde Huangpu mit seinen Dschunken und Schleppern, mit den Schnellbooten und den behäbigen Frachtern weismachen will. Shanghai liegt im Changjiang-Delta, und schon seinen frühen Ruhm als Handelsplatz verdankt es seiner Lage inmitten der fruchtbarsten und am dichtesten besiedelten Gebiete Chinas, ziemlich genau auf halber Strecke der langen Küstenlinie, die hoch im Norden an der koreanischen Grenze beginnt und sich hinunterwindet bis an die vietnamesische. Angebunden ist Shanghai an ein ausgedehntes Binnenwasser-Verkehrsnetz, zu dem der vor eineinhalb Jahrtausenden gegrabene Kaiserkanal gehört – und im alten China wickelte sich der Großteil des Warenverkehrs zu Wasser ab. Leicht zugänglich und eisfrei über das ganze Jahr bildet die Stadt einen wichtigen Knotenpunkt von Schiffahrtslinien zu allen Weltmeeren. So war Shanghai, die »Stadt über dem Meer«, wie sie mit zwei Schriftzeichen geschrieben wird, nicht nur mit den benachbarten ertragreichen Provinzen Zhejiang und Jiangsu, sondern über viele Inland-Wasserstraßen mit dem Norden und dem Inneren des Landes verbunden, in wenigen Tagen auch von der britischen Kronkolonie

Hongkong und Kanton aus zu erreichen und mit allen bedeutenden Häfen in Übersee in Verbindung.

Nicht als altehrwürdige Hauptstadt also tritt uns Shanghai entgegen – an Dynastien-Historie, Palastromantik und Reliquien werden wir in Xi'an, Loyang oder Hangzhou weit mehr aufspüren –, sondern als eminent wichtiger Handels- und Umschlagplatz. Die nahezu ideale Lage in idealer Klimazone hat die Stadt zu einer Entwicklung ausersehen, die ihr Segen und Fluch gleichermaßen eintrugen. Mitte des vorigen Jahrhunderts sahen die »Mächte«, allen voran Großbritannien, die USA, Frankreich, aber auch Japan, Deutschland und Rußland, sehr deutlich, was sich an diesem Punkt der Welt an Rohstoffen und Märkten, an billigen Arbeitskräften und Transportmöglichkeiten anbot, was sich an raschen Einkommen und feilen Vergnügungen herausholen ließ. Als in Nanking der erste der unheilvollen »ungleichen Verträge« nach dem Ende des Opiumkrieges 1842 unterzeichnet war, lagen die fünf wichtigsten Häfen für ihren Appetit auf offenem Teller da: Kanton, Xiamen, Fuzhou, Ningbo und Shanghai. Die Tür war eingetreten, und da Shanghai am nördlichsten von den fünfen lag, nicht nur Japan, sondern auch dem Kaiserhof in Peking am nächsten also, begann die Stadt in jener Zeit ihr Wachstum zum Dorado für Geschäftsleute und Glücksritter, zum Domizil für Händler und Hasardeure, zur Hochburg des ausländischen und des einheimischen Großen Geldes und des Großen Verbrechens. Kaum hatten die Briten den Fuß in der Stadt – und ihr Hinterland waren ja nicht die nebligen Inseln im Atlantik, sondern längst die Hongkonger Felsen mit ihrem gut geschützten Hafen –, bauten sie ihre eigene Niederlassung. Der gliederte sich wenig später die amerikanische an, und schon war ein International Settlement geschaffen, dem die Franzosen bald ihre eigene Konzession hinzugesellten. Ein Jahrhundert lang ist Shanghai nun dreigeteilt, in eine ummauerte »Chinesenstadt« im Süden, eine französische Konzession und eine »Internationale Niederlassung«. Bald gibt es eine Avenue Edward VII., eine Joffre-Straße, einen Rennplatz, die Börse und den Klub, und bis zum Beginn des ersten Weltkrieges waren die sich ständig ausweitenden fremdländischen Territorien in der Stadt zum Staat im Staate herangereift. Dies buchstäblich, denn die »Mächte« sicherten sich beizeiten eine eigene Verwaltung, die eigene Steuerhoheit, Gerichtsbarkeit und Polizei, eigene Truppen und Kriegsschiffe schließlich. Nirgendwo sonst im Reich der Mitte wurde so deutlich wie hier, daß der Stern des geschwächten und im Kern korrupten Mandschustaates, der letzten Kaiserdynastie, im Sinken war, nirgendwo sonst wurde der Ausverkauf chinesischer Interessen und Souveränität so gründlich betrieben wie in Shanghai. In jenen Jahren nimmt die Stadtsilhouette Gestalt an, wie wir sie im großen und ganzen noch heute vorfinden, damals und in den Jahrzehnten bis zur Befreiung Sinnbild der aufgezwungenen Fremdherrschaft und kolonialen Ausplünderung.

Wie aber Druck Gegendruck erzeugt, wächst in der äußerlich am wenigsten chinesischen Stadt Chinas der Widerstand gegen die Eindringlinge am intensivsten. Er geht aus von den Intellektuellen, die teilweise und bruchstückhafte revolutionäre Ideen von ihren Studien im Ausland mitbringen und vom großen Oktobersturm hören, der über Rußland hinwegfegte. Er geht aus vom chinesischen Industrieproletariat, das in Shanghai geboren wird und im Jahre 1921 angewachsen ist auf 300000 bis 400000 Arbeiter, fronend in den aufschießenden Baumwoll- und Textilfabriken, im Papier- und Druckereigewerbe, in der Nahrungsmittel- und der chemischen Industrie.

Dazu kommen die Kulis. Sie beladen die Dschunken und Sampans, deren dicke Holzbäuche Ballen aus Seide und Tee, Baumwolle und Gewürzen verschlingen, andere Landesprodukte auch, die droben im Norden, vor allem aber in Übersee gefragt sind. Filmfetzen flimmern vorüber, und wir kennen sie aus der umfangreichen Literatur Chinas in jenen Jahren, haben ihre gebeugten Rücken und die halbnackten, von Hitze und Hunger ausgemergelten Körper vor Augen, sehen die zu Skeletten abgemagerten Männer vor uns, wie sie, gezeichnet von der Knute, der Tuberkulose und dem Aussatz, über die wippenden Planken laufen mit den erdrückenden Traglasten an beiden Enden der Stange. »Bittere Kraft« bedeuten die beiden Schriftzeichen für Kuli. Bitter genug war das Leben für Millionen Männer, die für ihre paar Kupferlinge oft nichts besseres wußten, als dem »silbernen Drachen« nachzujagen, im Opiumrauch und -rausch wenigstens für ein paar Stunden Vergessen zu suchen, auszusteigen aus einem Leben, das ein Hundeleben war.

Dazu kommen die Frauen. Verformt vom Elend und vom vielen Gebären, vorzeitig gealtert von der immerwährenden Sorge um billige Hirse und Kleie – Reis war nie die Hauptnahrung im alten China, war es nur für die Reichen –, stets einzig und allein bemüht ums Überleben und ums Durchbringen der großen Familie.

Dazu kommen die Kinder. Sechs- bis zehnjährige Mädchen beispielsweise. Sie haben die flinkesten Finger, bestens geeignet, mit bloßer Hand die Seidenkokons aus siedendem Wasser zu fischen und die begehrten Fäden abzuwickeln, jene kostbare Rohseide, die an den Märkten in Europa und Japan so gefragt ist wie der Tee aus dem Reich der Mitte. Oder die Jungen. Die meisten kennen keine Schule. Stattdessen stehen sie an den Maschinen der Textilfabriken, in den schweißtreibenden Höhlen der aufkommenden Metallindustrie und Gruben oder auf den Abfallkippen, wo sie nach Eßbarem suchen. Auf der Abfallkippe der Gesellschaft stehen sie allemal, denn die meisten werden die Dreißig kaum überleben, ums Leben betrogen von den eigenen Kompradoren und den Fremden mit den langen Nasen und den hellen Haaren – ausländische Teufel. An Nachwuchs fehlt es nie für die Kinderarbeit, denn vor den Toren warten schon die Scharen von Kindern verarmter Bauern und Pächter, die in den dichtbesiedelten Nachbarprovinzen Zhejiang und Jiangsu, Fujian und Anhui in die Fänge der Aufkäufer geraten sind, für Pfennige oft, die Mädchen häufig weitergereicht in die Bordelle des Molochs Shanghai, die damals zu ebenso traurigem Ruhm gelangten wie die Slums, die Opiumhöhlen, die Geheimgesellschaften oder die Kriminellen der Stadt.

Nirgends im Lande konzentriert sich Unzufriedenheit, potenzieren sich Verbitterung und Haß zu Widerstand in solchem Maße wie in Shanghai. Was dann an jenem Juliabend im Jahre 1921 passiert, ist darum auch kein Zufall. Es sind dreizehn Delegierte, die sich in der Hangye-Straße 76, damals Wangzhi-Straße 108, tref-

fen. Sie vertreten gerade knapp über fünfzig Parteimitglieder aus dem ganzen Land. Strengste Geheimhaltung ist geboten, und um die Häscher in die Irre zu führen, hat man das Haus eines sympathisierenden Geschäftsmannes in der französischen Konzession als Tagungsort gewählt. Paradoxerweise sollen in den Jahren des Widerstandes gerade die exterritorialen Enklaven oft zur Zufluchtsstätte für Illegale und Verfolgte werden.

Dieser Teil der Stadt unterstand dem französischen Konsularkorps, und die Männer, die sich hier zum Ersten Parteitag zusammengefunden haben, unter ihnen Mao Zedong, Dong Biwu und zwei Vertreter der Kommunistischen Internationale, scheinen gut gesichert. Während der Beratung aber tritt ein Fremder durch die Tür, gibt vor, jemanden zu suchen, er habe sich wohl in der Hausnummer geirrt, stößt er hervor und verschwindet ebenso rasch, wie er aufgetaucht ist. Die Fortsetzung der Tagung verbietet sich. Man bricht sofort ab und verläßt das Haus, wenige Minuten nur, bevor die Polizei der Konzession zur Stelle ist und alle Räume durchsucht. Sie findet nichts. Die Männer hatten Vorsorge getroffen und setzen ihre Beratungen an Bord einer Vergnügungsdschunke auf dem Wasser in der Nachbarprovinz Zhejiang fort. Hier, südwestlich von Shanghai, wird am 31. Juli der Parteitag abgeschlossen – die Kommunistische Partei des bevölkerungsreichsten Landes der Erde ist geboren. Ihren Geburtstag wird sie später alljährlich am 1. Juli feiern . . .

Den Sitzungssaal finden wir ausgestattet, wie er 1921 aussah. In dem achtzehn Quadratmeter großen Raum stehen ein Tisch und zehn Schemel. Die Deckenlampe, Aschenbecher, Streichhölzer, eine Teekanne und die Porzellantassen befinden sich am alten Platz. Ein Modell der Dschunke erinnert an den raschen Szenenwechsel. In den übrigen Räumen hängen Dokumente der Geschichte vom schweren Anfang der Partei, die sich die historische Aufgabe gestellt hat, den Widerstand der Arbeiter und Bauern, auch den der aufgeklärten patriotischen Intelligenz, wie er sich bereits in der Bewegung der Studenten vom 4. Mai 1919 gegen die chinafeindlichen Klauseln des Versailler Vertrages manifestiert hatte, zu organisieren und China von seinem Doppeljoch zu befreien, den ausländischen Teufeln und der einheimischen Reaktion. Da hängen Porträtfotos der Delegierten, auch jener, die später zu Abtrünnigen werden. Wir begegnen der 1920 erschienenen chinesischen Erstausgabe des »Kommunistischen Manifests« sowie Lenins »Staat und Revolution«. Andere Publikationen, Zitate und Kalligraphien vermitteln ein Bild von diesem wichtigen Abschnitt der Revolution, die hier ihre Führung formierte, hier in Shanghai. Bilder dann vom historischen »Langen Marsch«, ein vergilbtes Foto von Zhou Enlai, das 1923 in Deutschland aufgenommen wurde. Und wir stoßen im Gästebuch des vielbesuchten Hauses auf die Eintragung von Erich Honecker: ». . . Die Gründung der ruhmvollen und kampferprobten Kommunistischen Partei Chinas 1921 war ein Meilenstein im organisierten Kampf des chinesischen Volkes für ein Leben ohne Ausbeutung und ohne ausländische Unterdrückung . . .«

Aus den 50 Mitgliedern von damals sind 46 Millionen geworden. Aber wie lang und wie schwer war der Weg. Wir kennen ihn aus den Geschichtsbüchern, recht und schlecht, verfolgen ihn an Menschenschicksalen aus der reichen Literatur jener Jahre. Chinas bedeutendste Köpfe wurden zu Chronisten Shanghais und seiner Menschen in jenen Jahren: Guo Muoruo, bedeutsamer Historiker und Publizist, später Präsident der Akademie der Wissenschaften; Mao Dun, bekannt geworden mit seinem Roman »Shanghai im Zwielicht« und einem umfangreichen Gesamtwerk, später erster Kulturminister der Volksrepublik; Ba Jin, nur wenige Jahre jünger als unser Jahrhundert. Er lebt heute noch in Shanghai, ist seit langem Präsident des chinesischen Schriftstellerverbandes und weltbekannt geworden mit seinem Roman »Die Familie«; nicht zuletzt Lu Xun, der wohl bedeutendste chinesische Schriftsteller unseres Jahrhunderts, verglichen oft mit Gorki. Auch Ding Ling, die 1986 verstarb, hinterließ Erzählungen voller Eindringlichkeit und Stille, von denen manche in Shanghai spielen.

Es ist das Shanghai jener Jahre, an dem wir Chinas Industrie- und Hafenmetropole zu messen haben, um die Dimensionen des Neuen in dieser Stadt zu begreifen. Als die Volksmacht Shanghai befreit, findet sie die Hochburg der Bourgeoisie, des Zerfalls und des Verbrechens auf chinesischem Territorium vor. Unvollständig ist von 7000 Spielhöllen, 30000 Prostituierten, 10000 Opiumhöhlen und 200000 Süchtigen sowie 30000 Dealern die Rede. Hier wie überall beginnt das große Aufräumen, der Übergang, nicht der Sprung in die Neuzeit. Und wie überall entstehen auch hier neue Probleme.

Es ist nicht damit getan, das eindrucksvolle Hochhaus der Hongkong und Shanghai Bank zum Sitz der neuen Stadtverwaltung und des Parteikomitees zu machen, das altehrwürdige Cathay-Hotel in Friedenshotel umzutaufen und den Rennplatz in einen Volkspark umzuwandeln. Für Millionen müssen Arbeitsplätze bereitgestellt, Zehntausende müssen umerzogen, für die meisten müssen menschenwürdige Wohnbedingungen geschaffen werden. Der große Anlauf, hier wie überall im Lande, beginnt zunächst mit eindrucksvollem Schwung, wird aber schon wenige Jahre später wieder gebremst von linksradikalen, völlig fruchtlosen und destruktiven Kampagnen. Sie sollen den Aufbau des Sozialismus beschleunigen, werden aber sein größter

Hemmschuh, und in Shanghai, dem traditionellen Zentrum des Widerstandes und des Umbruchs toben die Bewegungen besonders heftig, kommt der Kessel am ehesten zum Überlaufen. Von hier aus geht, nach der Treibjagd gegen vorgebliche »Rechtselemente«, nach dem »Großen Sprung« und der Stahlschmelzkampagne für jeden Bauernhaushalt, der Anstoß zur unheilvollen »Kulturrevolution« aus, die nie mit Kultur und schon gar nichts mit Revolution zu tun hatte. Es dauert ein Jahrzehnt, bis der aus Shanghai stammenden »Viererbande« das Handwerk gelegt wird. Als das im Jahre 1976 geschieht, hat sich an den Wohnverhältnissen, am Straßennetz, an der Kanalisation, der Produktionsstruktur der Industriestadt nur wenig verändert. Die chaotischen Jahre, wie China jene Periode auch nennt, hatten das ganze Land zurückgeworfen, hatten das Ansehen der Partei ebenso geschädigt wie ihre Strukturen, hatten die Volksbildung auf das Auswendiglernen einiger Texte reduziert, und jegliche komplexe Wirtschaftsplanung war zur Tonnenideologie verkommen . . .

An der Wende zum letzten Jahrzehnt unseres Jahrhunderts scheinen die Veränderungen, von denen China mit dem Einsetzen des Reform- und Modernisierungskurses der achtziger Jahre erfaßt wurde, hier auf den ersten Blick weniger sichtbar, schwerer zu greifen als in anderen Großstädten und auf dem Lande. Zu lange, so meinen die Stadtväter, war Shanghai nur Gebender, hatte Steuern und Gewinne dorthin abzuführen, wo der Staatsplan danach verlangte. Zu wenig blieb in der Stadt, für die dringliche Umstrukturierung der Wirtschaft, für den Wohnungsbau, für die Infrastruktur im Häusermoloch. Wie eh und je drängen sich heute noch auf dem Nanking-Boulevard stündlich Zehntausende. Die Gassen der Altstadt – in Ost-West-Richtung sind sie nach chinesischen Städten, in Nord-Süd-Richtung nach Provinzen benannt – scheinen die Wirren der Jahrzehnte überdauert zu haben. Die Fassaden der Sun-Yatsen-Magistrale, so heißt der einstige »Bund« heute, schauen ehrwürdig und streng, und die alten Ansichtskarten stimmen hier noch heute.

Aber nur auf den ersten Blick. Dies sind Fassaden, Äußerlichkeiten also, und diesen Bildern begegnen wir auch nur in der historischen Altstadt, in der allerdings so viele Menschen leben und arbeiten, daß man bei laufendem Verkehr gewissermaßen weder Raum noch Möglichkeiten für Neubauten und elegante Verkehrslösungen gefunden hat. Auch soll, so sagt man uns in der Stadtregierung, der historische Kern einschließlich der Kolonialbauten in der Substanz erhalten bleiben, gehört er doch zum unverwechselbaren Bild der Hafenstadt, zu ihrem traditionellen Image als weltoffene Handels- und Hafenstadt. Schon auf den zweiten Blick indessen wird deutlich, wie gewaltig und tiefgreifend auch und gerade in Chinas wichtigster Industriestadt die Veränderungen zum Tragen kommen. Zuallererst finden wir sie allenthalben in den Menschen, aus deren Gesichtern Angst und Bedrückung gewichen sind, in deren Mienen Sorge und Verzweiflung längst Platz gemacht haben für Freude und Zuversicht. Shanghai hat keine Kulis und hungernden Kinder mehr, sondern fällt durch eine emsige, erfolgsorientierte Jugend auf, besser gekleidet und modebetonter frisiert als oben im Norden. Das ist wohl nicht nur auf die lange Konfektionstradition und das internationale Flair der Hafenmetropole zurückzuführen, sondern auch auf die Kühnheit der Designer und die miteinander wetteifernden 800 Frisiersalons der Stadt. Und da weit mehr als die Hälfte aller Shanghaier weit jünger ist als dreißig, bleibt für Experimente aller Art ein weites Feld. Sieh dir die Gesichter der Kinder an, Einzelkinder mittlerweile wie in den Großstädten zunehmend üblich. Drall sind die Jüngsten und wohlgenährt, gut gekleidet und rundum gesund, wie sie in den Armen ihrer Mütter ruhen und auf den Schultern ihrer Väter reiten, denn für die Bambuskinderwagen oder Fahrräder mit Kinderbeiwagen, wie wir sie andernorts bewundert haben, ist hier kein Platz. Die Größeren treffen wir in einem der vielen Pionierpaläste; Shanghai hält da den Rekord, und neben dem zentralen gibt es einen für jeden Stadtbezirk. Sie nehmen uns an die Hand, zeigen uns ihre Lese- und Computerkabinette, versuchen auch, ihre in der Arbeitsgemeinschaft erworbenen Englischkenntnisse an den Mann zu bringen, überraschen uns mit gekonnten Balletteinlagen.

Ja, das Gedränge auf den Straßen ist dicht, noch dichter geworden mit den Jahren. Hier im Zentrum drängen sich auf nur zwei Quadratkilometern über die Hälfte aller Stadtbewohner zusammen, sind mehr als sechzig Prozent der Industrie konzentriert. Groß-Shanghai mißt 6100 Quadratkilometer und ist damit annähernd so groß wie unser Bezirk Karl-Marx-Stadt. Hier in der Innenstadt aber scheinen sich alle versammelt zu haben, und an manchen Stellen bleibt dann für den durchschnittlichen Wohnraum nur eine Fläche von drei Quadratmetern, wo es im Stadtgebiet insgesamt immerhin fünf sind. Unsere chinesischen Freunde bestätigen als Dauerzustand, was dem Besucher als Ausnahmesituation erscheinen mag: Die Autobusse »verkehren« zwar, aber sie schaffen selten mehr als fünf Stundenkilometer. Und warum lauft ihr dann nicht? Weil wir als Fußgänger oft noch langsamer vorankommen, und weiter draußen fährt man ja dann wieder schneller. Zwei Quadratmeter Straße bleiben für einen Shanghaier, und dabei ist es eigentlich noch weniger, denn ununterbrochen zwingen Baustellen zum Umweg, versperren Staus den Weg.

Gebaut wird reichlich. Hier in der Innenstadt wird dabei vor allem restauriert, wird saniert, was irgend zu erhalten lohnt. Nur gelegentlich setzen funkelnde Glas- und Stahlfassaden eines neuen Kaufhauses oder Hotels Akzente. Shanghais Stadtväter versuchen nun, dem Verkehrsproblem von unten beizukommen. Eine U-Bahn für die Zwölf-Millionen-Stadt ist seit Jahrzehnten im Gespräch. Jetzt wird sie gebaut, bei rollendem Verkehr und schwierigem Boden, mit ausländischer Beteiligung, für die ein internationaler Wettbewerb ausgeschrieben wurde.

Reform und Modernisierung aber finden wir nicht unterirdisch, sondern begegnen ihnen im koordinierten Ausbau der traditionell starken Textil- und Leichtindustrie, in einer durchschnittlichen Arbeitsproduktivität, die das Dreifache des Landesüblichen ausmacht, im wachsenden Lebensstandard, der sich in den gutsortierten Geschäften am Nanking- oder Huaihai-Boulevard zeigt, oder auch an der fröhlichen Geschäftigkeit in den Hunderten Gassen mit ihren Werkstätten, Läden und Garküchen.

Reform und Modernisierung sind vor allem da anzutreffen, wo sich Shanghai am schnellsten verändert. Zum Beispiel am Hafen. Wir besteigen die Barkasse schräg gegenüber vom Zwillingskomplex des Friedenshotels, wo die Hoteldiener den zwanziger Jahren entstiegen scheinen, und in zügiger Fahrt inmitten von lilagetönten USA-Damen und unverständlich Kantonesisch parlierenden Hongkongern geht es eineinhalb Stunden stromabwärts. Rechts und links bleibt auf einer Strecke von 25 Kilometern der größte Flußhafen Asiens liegen, eine ununterbrochene Kette von orangefarbenen Kränen und grauen Docks, von Werften und Kohlebunkern, Container-Terminals und Liegeplätzen. Verrostete Seelenverkäufer ankern neben Ocker gespritzten Hochseeriesen jüngster Bauart, die wendige Schaluppe überholt den tiefgehenden Fischtrawler, und zwischen all dem metallischen Gerät schlängeln sich auch noch Dschunken mit malerischen Rahsegeln oder gar handgestakte Lastkähne hindurch.

Dann scheint der Kapitän aufs gelblich trübe Meer hinauszusteuern – aber wir sind nur an der Einmündung des Huangpu in den Yangtse, der ja Changjiang heißt, der Lange Strom. Und was wir als das andere Ufer auszumachen glauben, ist nur eine Insel. Chinas Großer Drache wälzt sich nach 6300 Kilometern hier mehr als zwanzig Kilometer breit seiner Mündung ins Gelbe Meer entgegen, an den Ufern wiederum Werften, Kais und Großbetriebe.

Schon 1984 hat das jährliche Umschlagsvolumen des größten chinesischen Hafens die Grenze von 100 Millionen Tonnen überschritten. Die Computerisierung aller Hafenoperationen ist im Gange – ob dann noch Platz bleibt für die fotogene Dschunke, aufgetakelt wie mit den Hosen von Piraten? Immer neue Liegeplätze für Hochseefrachter entstehen, die Werften werden modernisiert, und die Auftragsbücher sind voll, trotz oder vielleicht auch wegen der Schiffbaukrise in anderen Teilen der Welt. Der Hafen wird noch für viele Jahre zu den ausgewählten Schwerpunktprojekten der Wirtschaftsplaner zählen, und im Gegensatz zu anderen Vorhaben bringt er sofort Geld. Immerhin unterhält der Shanghaier Hafen direkte Handelsbeziehungen mit 160 Ländern und Gebieten, und wenn die teuren Liege- und Umschlagzeiten verkürzt werden sollen, muß weiter modernisiert werden.

Das Wirtschaftsgeschehen der Welt, so vermerkt die rege Shanghaier Presse, verlagert sich schwerpunktmäßig von Europa in den Pazifischen Raum mit den USA, Japan, der UdSSR und China als den wichtigsten Anrainerstaaten. Und Shanghai, so ist immer öfter zu lesen, sei durchaus in der Lage, sich ähnlich wie Tokio oder Los Angeles zu einer Welt-Wirtschaftsmetropole zu mausern. Zumindest Hongkong will man den Rang ablaufen, dazu allerdings bleibt noch manches zu tun.

Wie dynamisch und innovativ hier gearbeitet wird, ist vor allem im Industriebereich sichtbar. Die Nutzung des traditionellen Standortvorteils mit gutausgebildetem Facharbeiterstamm und enormen Potenzen im wissenschaftlich-technischen Bereich ist der Ausgangspunkt für die rasche Entwicklung von Hochtechnologien, wo Shanghai landesweit in Führung gegangen ist.

Neben Peking und Tianjin eine der drei regierungsunmittelbaren Städte Chinas, werden Shanghai Vorzugsrechte gewährt, wie sie sonst nur in den wirtschaftlichen Sonderzonen des tiefen Südens zu finden sind. Dazu gehört die enge Zusammenarbeit mit dem Ausland, insbesondere die Nutzung von Fremdkapital und Know-how, aber auch die Übernahme und Anpassung effektiver Leitungsmethoden und Beraterdienste, die öffentliche Ausschreibung von Investitionsobjekten und das Erlernen von Vermarktungsstrategien.

Das in Finanz- und Baukooperation mit Japan und der BRD errichtete Baoshan-Stahlwerk mit einer projektierten Jahresleistung von mehr als sechs Millionen Tonnen Stahl gilt als das modernste Chinas. Was hier 60000 Arbeiter und Ingenieure seit 1978 auf die Beine gestellt haben, kann sich auch international sehen lassen. Ihr besonderer Stolz ist Chinas leistungsstärkster Hochofen, mit einer Tageskapazität von 10000 Tonnen, ist die zentrale Computersteuerung aller Abläufe und nicht zuletzt ein 200 Meter hoher Schornstein, der an der Spitze nicht mehr als 30 Millimeter aus dem Lot ist. Die Importablösung bei Stahl, so sagt man uns, ist ebenso wichtig wie der Schatz an Erfahrungen, und die Kontroverse über die zwanzig Milliarden Yuan Kosten und den zu weichen Baugrund ist abgeklungen . . .

Der Aufbau anderer technologischer Schwerpunktprojekte geht weiter. Großanlagen zur Erzeugung organischer und anorganischer Stoffe, ein Mammutkomplex für die Herstellung hochintegrierter Schaltkreise machen ebenso von sich reden wie die neuartige Strahlenkonservierung von Nahrungsmitteln oder leistungsstarke Kunstfaserfabriken. Intensiv wird die Entwicklung der Mikroelektronik vorangetrieben, werden Großrechner und Lasertechnik in Dienst gestellt. Auslandskooperation wird dabei als wichtige Schubkraft angesehen, und zu den Spitzenerzeugnissen, die im ganzen Lande Beachtung finden, gehören die mit einem USA-Konzern gebauten Passagierflugzeuge ebenso wie der mit der Volkswagen AG gefertigte PKW Santana.

Mehr noch. Seit Mitte der achtziger Jahre ist Shanghai Zentrum einer neuen und der bislang effektivsten Wirtschaftsregion Chinas geworden. Ihr gehören neben der Stadt selbst die Provinzen Zhejiang, Jiangsu, Anhui, Jiangxi und Fujian an.Dieses Gebiet ist sechsmal so groß wie die DDR und wird von 200 Millionen Menschen, einem guten Fünftel der Gesamtbevölkerung also, bewohnt. Hier wird ein Drittel der gesamten chinesischen Industrieproduktion realisiert, und beim Spitzenreiter der Region in der Pro-Kopf-Produktion – seit Jahren die Provinz Jiangsu mit ihrer Hauptstadt Nanking – sind jährlich Zuwachsraten von 14 Prozent das Normale. In der Pro-Kopf-Erzeugung wie in den Einkommen sind hier Ziele erreicht, die landesweit erst für das Ende des Jahrhunderts angesteuert werden. Wenn wir in Shanghai nach den Ursachen dieses kleinen »großen Wunders« fragen, nennt man die effektive Handhabung der Reformpolitik, insbesondere die Erhöhung der Arbeitsproduktivität mittels neuer Technologien, und die spezifische Form des Leistungsprinzips, das in China Verantwortungssystem heißt und kosteneffektives Arbeiten vom Betriebsleiter über die Abteilungen bis hin zum einzelnen Arbeiter meint, die für ihr Produkt verantwortlich sind – oder scheitern und bankrott gehen.

Mehr als 700 Forschungsinstitute, 45 Universitäten und Hochschulen mit 80000 Studenten und 108 Mitgliedsverbände der Shanghaier Gesellschaft für Wissenschaft und Technik sorgen dafür, daß der Vorsprung erhalten bleibt, bei den integrierten Schaltkreisen, den Computern, der marktgerechten Software, den optischen Fasern, den Supraleitern, den Lasern, den optimalen Formen der Energieumwandlung, in der Medizin oder im Maschinenbau.

Zur Wirtschaftsdynamik im Changjiang-Delta gehört auch das Experiment, das Durchspielen von Möglichkeiten, das Optimieren von Varianten im Versuch, der auch daneben gehen kann. So werden in Shanghai variationsreicher als anderswo im Lande neue Eigentumsformen getestet, wird in manchen Betrieben mit Aktien gehandelt, entstehen Märkte für Produktionsmittel und Technologien, wird probiert, inwieweit der Bau von Eigentumswohnungen und ihre private Finanzierung die katastrophale Wohnungssituation zu entlasten vermögen.

Was bringt all das den Bewohnern der geschäftigen, der chaotisch anmutenden, aber liebenswerten Stadt, in der jährlich 150000 Paare heiraten und 200000 Babys geboren werden? Man sagt es uns, und wir sehen es deutlich: ein langsames, aber stetiges Anwachsen des Lebensstandards. Wenn sich die Wohnfläche pro Kopf von knapp fünf auf allmählich fast sieben Quadratmeter erhöht – rund 80000 Neubauwohnungen im Jahr –, so mutet uns das immer noch eng genug an, ist aber für die Situation vor Ort eine gewaltige Leistung. Wenn durch die Umleitung des Huangpu durch ein kostspieliges Röhrensystem die Wasserqualität für Millionen besser wird, ist das kaum zu sehen, aber durchaus spürbar. Wenn dem selbst für chinesische Verhältnisse beispiellosen Verkehrschaos oder auch der Rattenplage gründlich und oft unkonventionell zu Leibe gegangen wird, so gehört auch dies zur Entwicklungsdynamik, die von dieser Stadt ausgeht und die immer mehr auf andere Landesteile ausstrahlt.

So sind die Shanghaier, die uns so bereitwillig von ihren Sorgen erzählen und uns eine ganz kleine Weile teilhaben lassen an ihrem Alltag, durchaus stolz auf ihre Stadt. Keiner will weg, auch keiner aus der arg überfüllten Innenstadt, und schon die Idee umzuziehen, wird als Zumutung zurückgewiesen. Gerade die Shanghaier, versichern Pekinger wie Kantonesen einhellig, sind unerbittliche und eingefleischte Lokalpatrioten,

halten gerade ihre Stadt, ihren Dialekt, ihre Küche für das einzig Wahre, was wiederum Pekinger und Kantonesen im gleichen Maße für sich in Anspruch nehmen. Man ist hier stolz auf die revolutionäre Vergangenheit, auf die Wirtschaftsdynamik im Delta des Langen Stroms. Ja schon, ausladende Paläste und alte Stadtmauern gibt es hier nicht, aber welch andere Stadt hat so exquisit geschnitzte Jadebuddhas, so viele moderne Restaurants und stimmungsvolle Garküchen, in denen Krabben, Schnecken und Fische, Muscheln und allerlei Krebsgetier meeresfrisch auf den Tisch kommen. Wo gibt es einen so eindrucksvollen Hafen oder so geschmackvoll gestaltete Schaufenster wie auf dem Huaihai-Boulevard. Und der historische Yu-Garten mit seinen gewundenen Holzbrücken und dem wunderschönen Teehaus, die winzigen Spezialgeschäfte darum herum, in einem kaufst du nur Korken und alle übrigen Flaschenverschlüsse in allen Größen, im anderen nur Knöpfe, im dritten ausschließlich Fächer – wo sonst findet sich das?

Wir haben den Stolz der Shanghaier verstehen gelernt. Und zu den bleibenden Eindrücken, die wir mit nach Hause nehmen aus der engen lauten emsigen Stadt am Huangpu gehört die Einsicht, daß Shanghai so unchinesisch gar nicht ist, im Gegenteil.

Berge, die höher aufragen als die Alpen; silbern gleißende Wasserreisfelder in den Senken oder an den kunstvoll geschichteten Terrassen; dunstverhangene Gipfel, wie sie die alten Meister der Song-Malerei auf ihre Rollbilder gebracht haben, konturlos hingehaucht, wie es oft nur mit einem Pinsel aus den Haaren Neugeborener gelingt, mit einem Tempelchen auf halber Höhe, oder kraftvoll aufgetragen mit einem kreisenden Adler im lichten Blau. All das ist Sichuan, durchflossen vom Großen Strom, Sichuan, die Heimat der größten Poeten des alten China, der bestgewürzten Küche des Landes, das Reich des Tees und der Seide, das Refugium für die vom Aussterben bedrohten putzigen Pandabären. Chinas wichtigste Südwestprovinz besitzt, sehen wir einmal von kokospalmenbestandener Küste ab, alles, was das ganze Land zu bieten hat, ist ein China en miniature gewissermaßen.

Aber was heißt schon miniature. Sichuan ist so groß wie Frankreich, und es ist die menschenreichste Provinz der Volksrepublik. Mehr als 104 Millionen Menschen leben hier, unter ihnen ein gutes Dutzend nationaler Minderheiten. So deutlich wie selten treten uns die großen Unterschiede entgegen, die dem flüchtigen Besucher Chinas oft verborgen bleiben: Das westlich benachbarte Tibet ist doppelt so groß, wird aber nur von zwei Millionen Menschen bewohnt.

Von seinen Quellwassern am Fuße der ewigen Gletscher des Qinghai-Tibet-Plateaus hat der Lange Strom, der Changjiang, hier schon die Hälfte seines Laufes hinter sich. Sichuan – das Land der vier Ströme bedeuten die beiden Schriftzeichen. Diese vier Ströme geben dem Yangtse neue Kraft, speisen das gewaltige Energiepotential, und der Regen ist häufig, denn Sichuan, das ist auch das Land, wo der Himmel ein Loch hat. Und all das Wasser ballt sich zu einer Kraft, die in den vielen Kraftwerken am Yangtse, darunter in Gezhouba, dem größten, zu Elektroenergie umgewandelt wird für den ganzen chinesischen Südwesten und Verbundnetze mit Strängen in andere Landesteile. Lange bevor aber an Elektroenergie zu denken war, haben die Wasser des Stroms und seiner großen Zuflüsse das Sichuan-Becken bewässert, eines der vier großen in China und für die Ernährung der Millionen von vitaler Bedeutung.

Wie weit die chinesische Hochkultur vergangener Jahrhunderte und Jahrtausende hineinreicht in die Gegenwart, diese im Sinne des Wortes befruchtet, sehen wir beim Besuch der ältesten chinesischen Wasserbauanlage, die noch heute funktionstüchtig ist. Die Fahrt von der Provinzhauptstadt Chengdu zum Bewässerungsprojekt Dujiangyan im Kreis Guanxian dauert knapp zwei Stunden. Bereits im Jahre 250 vor der Zeitrechnung ist dieses grandiose ingenieurtechnische Meisterwerk geschaffen worden, von Li Bing, dem Präfekten des Distriktes Shu, wie Sichuan damals hieß. Forschungen haben bestätigt, daß Dujiangyan wissenschaftlichen Grundprinzipien und in seinen Grundelementen den Kriterien heutiger Wasserbauten entspricht. Hier, am Mittellauf des Minjiang, des wasserreichsten Zuflusses des Yangtse, teilt ein in der Flußmitte aufgeschütteter schmaler Damm mit seinem »Fischmaul« das Wasser in zwei Läufe, einen Außen- oder Hauptstrom und einen Innenkanal, der Wasser über ein weitverzweigtes System zur Bewässerung in die Chengdu-Ebene leitet. Alle Dämme, Tore und

Schleusen sind auf geniale Weise so miteinander koordiniert, daß die Proportionen beim Stauen, Ableiten und Umfluten, bei der Sandentfernung, für die Bewässerung und die Schiffahrt gewahrt bleiben, daß sowohl Dürren wie Überschwemmungen verhütet werden. Der Bewässerungsstrang hat nie mehr als 800 Kubikmeter pro Sekunde geführt und damit ein Überfluten der Anbaugebiete stets verhindert. Das letzte große Hochwasser aus dem Jahre 1981 hat der Kanal ebenso unbeschadet überstanden wie alle früheren Flutwellen. Die Anlage wird seit Jahren ununterbrochen modernisiert und bewässert heute 600000 Hektar Anbaufläche. Neue Schleusen und Kanäle wurden gebaut, ein mit Digitalanzeigen und Computern ausgerüstetes Leitzentrum steuert die Anlage automatisch, bewässert die Felder, leitet Wasser zu über 800 Kraftwerken und versorgt Fischreservoire und Erholungsgebiete – mit einem Grundschema, das vor 2200 Jahren erdacht und gebaut wurde und Sichuan seither zu einer wichtigen Reis- und Kornkammer gemacht hat.

Das Wasser und die außerordentliche topographische Vielfalt mit den schneebedeckten Hochmassiven und Gletschern, dem weitflächigen Hügelland und der fruchtbaren Ebene haben Sichuan mit mehr Reichtümern gesegnet als jede andere Provinz. »Schwer sind die Wege in Shu«, heißt es in einem berühmten Vers aus der Tang-Dynastie, und wirklich war Sichuan lange Zeit abgeschieden von der Welt, sperrte sich der Erschließung. Geradezu entrückt wirkt denn auch der Berg Qingcheng, grüne Mauer, der sich in unmittelbarer Nachbarschaft der Bewässerungsanlage erhebt, dicht bewachsen mit Bambus und Laubbäumen, mit Lianenstauden und Unterholz. Am Fuße geht es noch recht lebhaft zu. Restaurants und Souvenirkioske, Touristen und Busse beherrschen das Bild. Barfüßige Halbwüchsige winken, die sich als Sänftenträger ihren Reis verdienen: Zwischen meterlangen Bambusstangen ist ein mit einem bunten Baldachin überspannter Sessel aufgehängt, weich gepolstert und mit gemütlicher Rükkenlehne, und da das Ganze bequem ist und wenig kostet, »erklettern« viele Besucher den Berg auf diese Weise. Nicht wir. Wir wandern los, beschwert wie immer mit den Fotoausrüstungen, guten Sinnes und begleitet von einem Ortskundigen, der sich auch im Daoismus auskennt, denn dieser Berg gilt in ganz China als eine heilige Stätte und ein stilles Refugium der Dao-Religion, die in China älter ist als der zugewanderte Buddhismus und von Lauzi (Laotse) ihren klassischen Kanon erhielt, das Daodejing. Zhang Daoling, der als Begründer dieser Glaubensrichtung gilt, predigte seine Lehre vor rund 2000 Jahren, und er tat es auf diesem Berge, den wir zunächst munter und bei fröhlicher Rede angehen, trotz der tropischen Hitze und der Fotoapparate, die mit jeder Stufe ein Kilo schwerer werden. Nach einer Stunde unregelmäßiger Steinstufen sind wir einigermaßen durchgeweicht und erkundigen uns bei einer Rast mit dem allgegenwärtigen Mandarinenwasser, ob wir denn nun nicht bald . . . Ja, meint unser kundiger Begleiter, dem keinerlei Anstrengung anzumerken ist und der sich alle hundert Stufen eine neue Zigarette anzuzünden scheint, wir hätten nun etwa ein Fünftel (!) hinter uns. Scheel und mit erster Reue blicken wir nun auf die luftigen Sänften, die da leichtfüßig an uns vorbeigetragen werden, besetzt von fröhlicher Jugend, die sich ob der antiquierten Transportmethode keinen Kopf macht. Die jungen Träger rennen sogar bergauf, haben auch genügend Puste für Späße und die freundliche Aufforderung: Wollt ihr nicht doch? Billiger jetzt?! Wir lassen uns nicht erschüttern, markieren Jugend, simulieren Elan und klettern weiter. Der Berg macht nun seiner in ganz China geläufigen Bezeichnung alle Ehre – der stillste Ort auf Erden. Hinter jeder Stufentreppe erheben sich neue Steigungen, immer noch dicht mit grünem Laubwerk bewachsen, zahlreichen Bambusarten vor allem. Immer wieder stoßen wir auf Dao-Tempel und alte Klöster, die von zumeist bejahrten Nonnen und Mönchen bewohnt werden. Wir passieren den Tempel des Wachsenden Glücks, die Klause des Himmlischen Meisters, das Kloster zur Aufgehenden Sonne. Viele Pavillons und kleine Tempel sind aus Rinde und Wurzeln errichtet, horizontale oder paarweise senkrecht kalligraphische Sinnsprüche sind der einzige Schmuck, und nur die Klause des Himmlischen Meisters erinnert ein wenig an die opulente Sakralarchitektur, wie sie im Buddhismus typisch ist. Die Klause ist der Sitz der chinesischen Daoisten-Vereinigung, einer durchaus ernstzunehmenden Institution.

Noch immer, richtiger gesagt: nach der »Kulturrevolution« wieder, gibt es Tausende Daoisten in China, Anhänger einer Lehre, die durch Meditation, Zauberformeln, magische Praktiken und überlieferte Rituale den Weg zum überirdischen Heil zeigt. Im Gegensatz zum Buddhismus, der sich ja in Asien weit verbreitet hat und starke Zentren nicht nur in China, sondern auch in Sri Lanka oder Südostasien unterhält, gibt es im Daoismus kaum Novizen. Er wird mehr als kulturhistorische Tradition bewahrt, denn als Religion gelebt und hat seine Blütezeit schon vor einem Jahrtausend überschritten. Wir bewundern die Tempelarchitektur, in Form und Farbe stiller als die buddhistische, blicken einem Holzschnitzer über die Schulter, der eine Druckvorlage für eine heilige Schrift fertigt, und versuchen vergeblich, hinter den Sinn des Gemurmels der Mönche und Pilger zu kommen, die an geweihter Stätte ihrer Andacht nachgehen.

Ganze Wegabschnitte sind von winzigen Garküchen gesäumt, die die scharfen Dandan-Nudeln oder den noch schärferen Sichuan-Feuertopf auf die Flamme rücken, alles appetitlich und preiswert, und die Verlokkung ist groß. Doch essen würden wir im Kloster, sagt man uns. Dort erwartet uns ein köstliches Daoistenmahl mit 15 Gängen und klostereigenem Honigwein, der uns das restliche Stück zum Gipfel versüßt. Als wir schließlich nach vier Stunden und über 4000 Stufen den Berg erklommen haben, empfängt uns eine Schar junger Mädchen, die hier Tee und Süßigkeiten, Limonade und Souvenirs verkauft. Tag für Tag steigen sie herauf, leben von der winzigen Gewinnspanne eines unsicheren Handels, denn wenn es regnet, kommen nicht viele, und Limonade gibt es auch auf den Zwischenstationen am Berg . . .

Lange bekannt war Sichuan als eine Wiege der chinesischen Kultur, als die Heimstatt großer Poeten wie Li Bai und Du Fu oder Bai Juyi. In der Provinzhauptstadt ist Du Fus Wohnsitz, die »Grashütte«, zu einer ausgedehnten Parkanlage gestaltet worden, in der wir versteckt zwischen Teichen und Pavillons ein Museum und darin die Verse des Dichters finden. Nicht weniger besucht ist der »Tempel des Fürsten Wu«, ein Gedenktempel für den Premierminister des Königreiches Shu in der Zeit der Streitenden Reiche, 475 bis 221 vor unserer Zeitrechnung. Im sechsten Jahrhundert errichtet, ehrt die Stätte einen Feldherrn und Regenten, der nicht nur die Fürstentümer des Südwestens vereinigte, sondern Wirtschaft und Kultur seiner Zeit maßgeblich förderte. Beide Anlagen sind heute beliebte Erholungsziele der Einwohner von Chengdu, und uns will es scheinen, daß sich die längst nicht mehr scheuen Liebespaare gerade hier besonders wohl fühlen.

Vielleicht war Sichuan am berühmtesten durch seine Küche mit ihrem unerschöpflichen Reichtum an Gewürzen und Zutaten. Es ist wohl für viele Chinesen die begehrteste, sicher aber die am schärfsten gewürzte Küche des Landes, denn hier wächst der Rote Pfeffer, die beißende Chillyschote, die als Paste oder Öl, als Pulver oder schwarzgedünstet, zusammen mit frischen Ingwerknollen und Knoblauchzehen, mit Sesam und Anis, Reiswein und vielen Gemüsen sowie zahlreichen anderen Ingredienzen Huhn und Rind, Schwein und Fisch brennend und appetitlich veredelt.

Erst die letzten Jahrzehnte haben in Sichuan buchstäblich die Wege geebnet für die Erschließung dieser überaus reichen Provinz. Heute gehört sie zu den Zentren der landwirtschaftlichen und industriellen Entwicklung, ohne dabei ihrer Reize und Sehenswürdigkeiten verlustig zu gehen. Der heilige Buddhaberg E-mei gehört dazu, auf dem der Legende nach der Bodhisattva Puxian meditiert hat, der erste Schüler des Großen Erhabenen. Und die große Buddhastatue in Leshan gehört dazu: Aus dem Fels gehauen, ist sie mit 71 Metern die mächtigste Buddhafigur der Welt, bei der noch die kleinen Zehen dicker sind, als ein Mensch groß ist, und auf deren Spann einhundert Kinder bequem Platz finden. All dies zieht Jahr für Jahr immer mehr Reisende an, die indessen im bevölkerungsreichen Sichuan kaum ins Gewicht fallen.

Die vielerlei Farben Sichuans brechen sich in Chengdu, der Hauptstadt. In der Zeit der »Streitenden Reiche« vor mehr als zwei Jahrtausenden entstanden, ist sie zum Schaufenster dieses Landesteils geworden, ist stolz auf über 2000 Industriebetriebe und ein gutes Dutzend Hochschulen. Stadt der Seide wird sie genannt und Stadt des Hibiskus, der die breiten Alleen und Boulevards der drei Millionen Menschen zählenden Provinzmetropole säumt. Wir besuchen eine Seidenstickerei, bummeln über Märkte, versuchen, das Besondere, Charakteristische aufzuspüren, das jede chinesische Provinz, jede Stadt oder Landschaft birgt, und so führt uns der Weg nicht zufällig in die »Steinzimmer-Schule«. Es ist die erste von einer Lokalregierung eingerichtete öffentliche Schule Chinas, gegründet in der westlichen Han-Dynastie um 141 vor unserer Zeitrechnung. Wie so häufig wird Tradition zur Quelle von Fortschritt, und die sorgsam restaurierte und durch viele Neubauten ergänzte Anstalt ist heute Museum und modernste polytechnische Bildungsstätte zugleich. In den schuleigenen Werkstätten fertigen die 1600 Schüler an ihren Produktionstagen Lehrmittel für die Grundschulen der ganzen Provinz an, ein für China neues und erfolgreiches Experiment, das mit Geldern und Ausrüstungen der UNICEF unterstützt wird.

UNICEF hilft auch dem Bildungsfunk Sichuan, einer Rundfunkstation, die über ihre Sender regelmäßig Weiterbildungslehrgänge für alle Grundschullehrer der Provinz ausstrahlt und in der wir von den großen Anstrengungen hören, die auf dem Gebiet der Volksbildung unternommen werden. Sichuan gehört zu den Provinzen, in denen die Schulpflicht weitgehend durchgesetzt ist, und wenn auch in den weit und hoch entlegenen Bergdörfern Lehrer in den sechsklassigen Grundschulen ausgebildet werden, hat der Bildungsfunk daran maßgeblichen Anteil, forciert die gewaltigen Veränderungen, die gerade auf diesem Gebiet in den achtziger und neunziger Jahren zum Tragen kommen – hat doch der grundlegende Wandel in China zuallererst auf dem Dorf begonnen. Und da uns unsere Freunde Industriebetriebe anderswo zeigen wollen, fahren wir aufs Dorf, denn Sichuan, und das ist wichtiger als alle Berge und Tempel zusammen, ist die Wiege der Reform auf dem Lande, mit der nach dem 3. Plenum des XI. Parteitages Ende 1978 begonnen wurde und die die Grundlage für das komplexe Modernisierungsprogramm darstellt, das die Volksrepublik gegenwärtig durchläuft.

Begriffe wie Verantwortungssystem, vertragsgebundene Produktion oder spezialisierte Haushalte sind hier in Sichuan zum ersten Mal mit Leben erfüllt worden. Eine Provinz wurde zum Versuchsfeld. Elemente der Reformen wurden hier testweise durchgespielt, ausgewertet, theoretisch verallgemeinert und korrigiert, bevor sie in den achtziger Jahren Gesetz und landesweit praktiziert wurden.

»Unser Dorf« liegt eine Autostunde vor Chengdu, runde siebzig Kilometer, die uns an schnurgeraden Wasserreisfeldern, akkurat bestellten Gemüsekulturen und vielen neuen Bauernhäusern vorbeiführen. Gearbeitet wird in den frühen Morgenstunden, als wir losfahren, und bei Sonnenuntergang noch immer, als wir zurückkommen. Genau dies, hören wir, ist der Sinn der Reformen auf dem Lande. Also war das früher nicht so? Es war lange nicht so.

Bei grünem Tee – parfümierte feuchte Tücher helfen gegen die Hitze –, bei Bananen, Bonbons und kräftig gewürzten Zigaretten bekommen wir rückhaltlos Auskunft wie überall im China der Gegenwart.

Seit Jahrhunderten hat man hier Wasserreis, Mais und Gemüse angebaut, sagt uns der Bürgermeister. Auch nach der Befreiung. Da seien das erste Mal alle satt geworden, so ziemlich jedenfalls, denn jeder konnte sich aus der großen eisernen Reisschüssel bedienen, die der Staat füllte. Jeder bekam den gleichen Teil, und es war völlig gleichgültig, ob er nun gut oder schlecht gearbeitet hat. Ja, und viele hätten halt schlecht gearbeitet oder gar nicht, warum auch, zumal ständig politische Kampagnen jede vernünftige Landwirtschaft über den Haufen geworfen hätten und es ohnehin zu viele Hände gab. Eben hier, meint der Bürgermeister, habe die Reform das Ruder herumgerissen, und da sollten wir am besten mal den Bauern Wang befragen.

Bauer Wang trägt einen der häufigsten Familiennamen in China, König, aber ein König war er nie, sondern eher ein abgerissener Landarbeiter, der sein Leben so recht und schlecht aus der eisernen Reisschüssel fristete. Jetzt bewohnt er mit seiner fünfköpfigen Familie ein zweistöckiges Haus, das Bewohnern der Shanghaier Innenstadt paradiesisch vorkommen würde, riesig vor allem, sechs Räume. Er hat einen Hof mit Hühnerschar, füttert drei schwarze Schweine, unterhält einen winzigen, aber ertragreichen Fischteich, und der Vorgarten steht voller Blumen. Drinnen lassen wir uns auf einer nagelneuen Couchgarnitur nieder, rotes Kunstleder. Bauer Wang zeigt uns stolz seinen Fernseher, Farbe, 21-Zoll-Bildschirm, den er dann wieder liebevoll mit der landesweit üblichen Haube aus rotem Samt abdeckt. Wang gehört zu der wachsenden Gruppe, die schon die »drei Doppelten« ihr eigen nennt. Das hat nichts mit Geistigem zu tun, sondern meint die drei Wohlstands- und Statussymbole der achtziger Jahre: einen Kühlschrank mit zwei Türen, eine Waschmaschine mit zwei Trommeln und den Radio-Rekorder mit Doppelkassette. Später sehen wir in der Nachbarschaft, daß es anderen Familien ähnlich gut geht.

Ein Musterdorf also? Lange ist Bauer Wang noch nicht die Norm, gewiß, aber in einem Musterdorf lebt er nicht. Es ist der, wie es in den »Dokumenten« heißt, »bescheidene Wohlstand«, der Xiaokang-Status, den der XIII. Parteitag Ende 1987 als landesweite Zielstellung für das Ende des Jahrhunderts vorgesehen hat, und in einigen Landesteilen, in vielen Kreisen der Spitzenprovinzen Jiangsu und Zhejiang, gelegentlich auch in Shandong, Fujian und eben in diesem Dorf in Sichuan ist dieses Ziel schon erreicht. Neue, weißgeschlämmte geräumige Bauernhäuser sehen wir auf unseren langen Fahrten über Land auch anderswo zuhauf. Noch lebt nur eine Minderheit der 800 Millionen zählenden Landbevölkerung auf solche Weise. Der Massenstandard ist dies noch nicht, und China verschweigt auch nicht, daß es noch einige Millionen Menschen hat, die unterhalb der Armutsgrenze leben. Aber der Weg wird deutlich, der große Plan, Chinas Dörfer zum ersten Mal in der langen Geschichte des Landes lebenswert zu gestalten, den lange gravierenden Unterschied zwischen Stadt und Land schrittweise zu überwinden. Gute natürliche Bedingungen gehören dazu, eine kleine Familie, die richtige Leitungsarbeit, vor allem aber eine gesunde Politik und fleißige Arbeit.

Fleißiger arbeiten wir, weil wir jetzt wissen wofür, faßt der Bauer Wang die neue Zeit zusammen und spricht von der in China allerorten geforderten und geförderten »Befreiung des Denkens«, dem vielleicht wichtigsten Element der Reformpolitik.

Wir haben die eiserne Reisschüssel zerschlagen, meint der Bauer verschmitzt. Jetzt geht es nur denen gut, die gut arbeiten. Bauer Wang hat das Feld, auf dem er den arbeitsintensiven Wasserreis und Gemüse anbaut, gepachtet. Der Boden bleibt im sozialistischen China kollektives oder staatliches Eigentum, aber Eigentums- und Nutzungsrecht werden getrennt. So geht das Nutzungsrecht für den Grund und Boden in die Hände von »spezialisierten Haushalten« über. Weniger als ein Viertel Hektar bewirtschaftet unser Bauer; die Ackerfläche ist begrenzt in China, wo ein nach unseren Begriffen kleines Dorf schon über 3000 Köpfe zählt. Der Pachtvertrag ist auf fünfzehn Jahre ausgestellt. In dieser Zeit erwartet der Staat außer festgelegten Sollabgaben, daß Bauer Wang seine Arbeitskraft, möglichst viel vom Gewinn, seine Bauernweisheit und neue wissenschaftliche Erkenntnisse in den Boden investiert.

Und da der Bauer das, was er über den Plan hinaus erwirtschaftet, auf den vielen freien Märkten verkaufen kann, zu freien Preisen innerhalb einer kontrollierten Bandbreite, tut er dies. Er arbeitet von früh bis spät, auch an allen Wochenenden, nur in den tropisch heißen Mittagsstunden ist Ruhe.

Einen erheblichen Teil seines Einkommens steckt Bauer Wang in Kunstdünger und landwirtschaftliches Kleingerät – schweres Gerät und Fahrzeuge bleiben Eigentum der Genossenschaft. Für Bewässerungsanlagen, Sonnengeneratoren und ein Gewächshaus, für das dorfeigene gemütliche Altersheim und einen Landschaftspark mit Teichen, Brücken und Teehaus haben mehrere Haushalte zusammengelegt. Persönliches Verantwortungssystem also: Bauer Wang und mit ihm die meisten Bauern Chinas haben sich vertraglich verpflichtet, den Boden gewinnbringend zu bearbeiten, bei voller Haftung auch für große Verluste. Seit dem Beginn der achtziger Jahre steigen die Erträge kontinuierlich, und China kann sich bei einer Jahresproduktion von über 400 Millionen Tonnen Getreide nicht nur selbst versorgen, sondern seit einigen Jahren auch exportieren.

Da intensiver gearbeitet wird als je zuvor, die Flächen aber, auf den Kopf der Bevölkerung gerechnet, weit unter dem Weltdurchschnitt liegen – China ernährt auf knapp sieben Prozent der Welt-Anbauflächen ein Fünftel der Erdbevölkerung –, werden Arbeitskräfte frei, trotz der strengen Geburtenbeschränkung. Sie finden wir aber als Händler und Restaurantbesitzer, als Friseure und als Arbeiter in privaten und genossenschaftlichen Transportgesellschaften, sie betreiben Herbergen und Hotels, arbeiten als Schneider oder Schuster am Straßenrand oder sind zusammengeschlossen in mobilen Tischler- und Baubrigaden. Wir finden die aus der Landwirtschaft frei gewordenen Arbeitskräfte vor allem in der örtlichen Kleinindustrie. Auch hier sind die Dimensionen anders. »Kleinindustrie auf dem Dorf«, das kann auch eine Plastfabrik oder ein metallurgischer Betrieb mit 3000 Beschäftigten sein. Diese Art Industrie, ein Phänomen für China noch vor zehn Jahren, ist heute zu einem wesentlichen Bestandteil der Volkswirtschaft geworden, und sie leistet Hervorragendes vor allem im Konsumgüterbereich.

Ist das Problem Arbeitskräfte und Bevölkerungswachstum damit aus der Welt? Vielleicht bietet sich gerade Chinas menschenreichste Provinz Sichuan an, diese Frage zu stellen, in Betrieben, auf dem Dorfe, in Schulen oder Verlagen. Oft kommen unsere Gastgeber der Frage zuvor, sprechen über gut oder schlecht, über Erfolge und Rückschläge der Familienplanung, die allemal ein brisantes Thema auch für die kommenden Jahrzehnte bleiben dürfte. Denn alle wissen hierzulande: Soll die Modernisierung gelingen, soll das Ziel erreicht werden, den Wert der industriellen und landwirtschaftlichen Bruttoproduktion von 710 Milliarden Yuan im Jahre 1980 auf 2800 Milliarden Yuan im Jahre 2000 zu vervierfachen, dann darf die Bevölkerung bis dahin die Grenze von 1,2 Milliarden Menschen nicht wesentlich übersteigen. Dazu darf das Bevölkerungswachstum in den kommenden zehn Jahren nicht um mehr als zehneinhalb Millionen jährlich zunehmen, was wiederum weniger als 16 Millionen Neugeborene im Jahr bedeutet. Hier in Sichuan war die Geburtenrate schon in den zehn Jahren bis 1981 von 3,7 auf 1,7 Prozent abgesunken. Die Aufklärung, kostenlose Verhütungsmittel und Unterbrechungen sowie eine Reihe von Anreizen für die Ein-Kind-Ehe hatten gewirkt. Den Ehen mit einem Kind wird der Kindergarten- und der Schulplatz garantiert, ihnen ist Wohnraum und medizinische Betreuung gesichert. Familien mit zwei und mehreren Kindern – ausgenommen sind bestimmte nationale Minderheiten und Sonderfälle – haben es da schwerer. Was uns als Umkehrung unserer Situation daheim anmutet, erfordert unser Verständnis für die chinesischen Bedingungen: Ohne die planmäßige Beschränkung des Wachstums der Bevölkerung verlieren alle sozial-ökonomischen Programme ihren Sinn, werden wirtschaftliche Wachstumsprognosen gegenstandslos, gerät die Verbesserung des Lebensstandards für das Milliardenvolk zur Utopie – so ernst ist das, so ernst wird es genommen.

Wir hören in Sichuan, daß es so einfach nicht ist, die Familienplanung, die Familie mit einem Kind also, durchzusetzen. Wenn das erste Kind ein Mädchen ist, wollen es viele Paare noch einmal versuchen, um auch einen Jungen zu bekommen, besonders da, wo schwere körperliche Arbeit weiter nötig ist, in Bergwerken also, auf dem Lande, in der Fischerei; und da, wo traditionelle Vorurteile und Gewohnheiten noch immer Jungen bevorzugen, die ja als Arbeitskraft im Hause bleiben, während man Mädchen, zudem mit Mitgift, außer Haus geben muß. Vorurteile und Gewohnheiten sterben nur langsam ab. Die chinesische Presse berichtet über Fälle, wo erstgeborene Mädchen auf Dörfern getötet wurden, gleich nach der Geburt. In wohlhabenden Regionen nehmen manche Familien die Geldstrafen und die ihnen aus einem Zweitkind erwachsenen Nachteile in Kauf . . .

In den Großstädten wird die Ein-Kind-Ehe mittlerweile weitgehend akzeptiert. Auf den Dörfern aber bleibt es schwierig, und 1987 wuchs die Bevölkerung nicht um 10, sondern um 14 Millionen. Was wird, wenn in den kommenden Jahren die geburtenstarken Jahrgänge ins reproduktive Alter kommen, die aus dem zweiten Baby-Boom, der zwischen 1962 und 1973 eine durchschnittliche jährliche Zunahme von 19 Millionen Menschen brachte, in manchen sogar 25 Millionen? Der Wohlstand wird weiter wachsen, die Lebenserwartung wird weiter steigen und damit auch der Wunsch nach einem zweiten oder dritten Kind wieder stärker werden. Nicht alle sind bereit, die Worte Bruder und Schwester für mehrere Generationen aus dem Vokabular zu streichen, in einem Land, wo die Großfamilie eine lange Tradition besitzt, wo die Sprache genau fixiert, ob Tante Drei der Familie der Mutter zuzurechnen ist und Schwager Fünf der väterlichen Linie entstammt. Viel exakter und eindeutiger wird hier der Verwandschaftsgrad benannt, wird deutlich, mit wem aus der Sippe man es zu tun hat, und dies bis ins vierte und fünfte Glied. Je verzweigter der Stammbaum, je mehr Kinder und Kindeskinder, um so stärker war der Verband, um so größer die Überlebenschance in der alten Gesellschaft. Die neue setzt andere Prioritäten, schafft ein anderes Umfeld. Die Überwindung alter Vorstellungen aber dauert lange, in einem Land von so langer ungebrochener Kulturtradition zumal, einem Land von dieser Dimension und mit einer Bevölkerung, von der noch immer jeder fünfte nicht lesen und schreiben kann.

Hier in Sichuan aber – wie überall im Lande – ist man optimistisch. Im Trend geht die Zuwachsrate weiter zurück, und so ganz und gar wird man auf Bruder Eins und Schwester Zwei auch nicht verzichten müssen. Die Ein-Kind-Ehe ist nur eine Komponente der Bevölkerungspolitik. Langfristig geht es darum, die sehr ungleichmäßige Verteilung von Produktionszentren und Menschen zu überwinden. Chinas Soziologen demonstrieren das mit einer gedachten Linie, die sie vom Südwesten zum Nordosten ziehen: Oberhalb der Linie leben knapp sechs Prozent der Bevölkerung, aber auf mehr als der Hälfte des Territoriums und in rohstoffreicher Gegend. Werden diese Disproportionen überwunden, gelingt es zudem, das Wachstum in den großen Städten zugunsten der kleineren zu reduzieren, so bieten sich Flächen für mindestens 200 Millionen Menschen neu an. Es wird dann die Zahl der Ehen mit drei und mehr Kindern zugunsten derer mit zwei Kindern zurückgehen. Familienplanung jetzt – und abermals sind kleinere nationale Minderheiten ausgenommen – bedeutet späte Heirat, mindestens 22 Jahre für den Mann und 20 Jahre für die Frau, und späte Schwangerschaft, also mindestens drei Jahre nach dem Mindestalter; denn es macht schon etwas aus, ob in 100 Jahren vier oder aber fünf Generationen geboren werden. Weniger, aber gesunde Kinder will China, und hier in Sichuan ist man auf dem besten Wege zu diesem Ziel. Und bei allen Rückschlägen, ohne die eine neue Idee, eine neue Politik nie auszukommen vermag, sind unsere Gesprächspartner zuversichtlich, daß das scheinbare Paradoxon aufgeht: weniger Kinder, und doch eines Tages wieder Bruder und Schwester zu haben.

Wie viele Menschen werden dann in Chongqing wohnen, oder Tschungking, wie nicht nur Sichuans, sondern zugleich Chinas größte Stadt heißt? Denn mehr als 15 Millionen Menschen wohnen im Stadtgebiet und in den angeschlossenen Kreisen, und damit läuft Chongqing sogar Shanghai den Rang ab. Hier, am Zusammenfluß des Yangtse und des Jialing ist die Stadt auf Terrassen wie an den Berg geklebt, der zwischen den Flüssen liegt wie ein gigantischer Schiffsrumpf. Erst nach einer Weile merken wir, daß in Chongqing etwas anders ist als in anderen Städten, und es ist nicht die schwüle Hitze und die ewige Kletterei in den Straßen. Das Wunder besteht vielmehr darin, daß wir es mit einer Stadt ohne Fahrräder zu tun haben, der einzigen in China, der Berge wegen und der vielen Treppenfluchten, die die Gassen auf den verschiedenen Ebenen der Altstadt miteinander verbinden. Da die Stadt neben Nanking und Wuhan ihres feuchtheißen Klimas wegen zu den »drei Öfen« am Changjiang gehört, geraten wir auf unseren Touren bald in Hitze und sind dankbar für die vielen Stände mit frischem Obst und kühlen Säften, die hier besonders dicht stehen. Ökonomisch ist Chongqing für den Südwesten nicht weniger bedeutend als die Provinzhauptstadt Chengdu. In der Geschichte der chinesischen Revolution ist sie bekannt geworden als Sitz der Guomindang-Regierung Tschiang Kaischeks, aber auch als Stadt, in der Guomindang und Kommunisten eine – später verratene – Allianz gegen die japanischen Eindringlinge schmiedeten.

Das »Süd-Büro« des Zentralkomitees der Kommunistischen Partei im »Dorf der Roten Felsen«, lange Zeit auch Residenz von Zhou Enlai und Tschunkinger Hauptquartier der berühmten Achten Feldarmee, erinnert an diese Zeit ebenso wie die Folterkammern im Gefängnis Zhazedong, wo jene eingekerkert und gequält, viele ermordet wurden, die Opfer des Guomindang-Verrats geworden sind. Beide Stätten mahnen, wie schwer die Kämpfe waren, wie lang und gewunden der Weg . . .

Chongqing, die Bergstadt im Nebel. Bei Nacht liegt sie uns zu Füßen, mit ihren Tausenden Lichtern und den Schiffslaternen da, wo sie von zwei Strömen durchschnitten wird. Hier oben, selbst für Einheimische schwer zu finden, laden uns unsere Gastgeber zum »Sichuan-Feuertopf« ein, der auch Kennern der chinesischen Küche Neues auf den Gaumen zaubert. In einem Kessel auf Holzkohle brodelt eine Brühe, die mit einer guten Handvoll Chillyschoten, mit Knoblauch und frischem Ingwer angesetzt ist. Hat sie die richtige Hitze erreicht, kommen kleine Aale, Geflügelstücke, Fische und Gemüse dazu, erst dann die Exoten-Beigaben: streifig geschnittene Speiseröhre vom Rind, vorgekochte Kuhsehnen, gallertartiges Schweineblut. All das, siedendheiß und sehr kurz gegart, gibt man dann in unsere blauweiße Porzellanschale, die bereits mit paprikascharfem Sesamöl halbgefüllt ist. Bei 40 Grad Celsius im Schatten und 60prozentigem Wuliangye, dem Sichuan-Renner der acht berühmtesten China-Schnäpse, wissen wir schließlich kaum zu sagen, wo es mehr kocht, im Raum, im Kessel oder auf der Zunge. Wir halten tapfer mit, leeren den Feuertopf bis zur Neige, auch mit einer zweiten Handvoll Chillies, auf die man mit Rücksicht auf uns zunächst verzichtet hatte.

Wir sind dann doch froh, als der Schmerz nachläßt auf dem Gaumen und es abgeht – aufs Schiff. Chongqing, die Felsenstadt an der Flußgabel, wird Ausgangspunkt für eine Schiffsfahrt von drei Tagen und zwei Nächten, die uns durch die berühmten drei Yangtse-Schluchten führt. Genährt und geschwollen von den vier Strömen Sichuans führt der Yangtse hier bereits halb soviel Wasser wie an seiner Mündung. Bald, nachdem er Chongqing verlassen hat, bahnt er sich einen Weg durch hohe Felsen, die sich auf einem mehr als 200 Kilometer langen Abschnitt zwischen Baidicheng in Sichuan und Yichang in der Provinz Hubei an drei Stellen zu langen Schluchten verengen, so daß die rund 60 000 Kubikmeter Wasser, die der Strom im Mai pro Sekunde führt, an der schmalsten Stelle durch eine Enge von 100 Metern dahinschießen. Die Felsmassive an den Ufern, Sand und Steinbänke, Stromschnellen und Untiefen, Wirbel und Gegenverkehr verlangen dem Kapitän all sein Können ab, auch wenn er sich auf Radarmessungen und exakte Karten stützen kann. Für uns werden die Engen trotz verhangenen Himmels und Dauerregen zu einem spektakulären Landschaftserlebnis, zu einem Naturschauspiel ohnegleichen. Zu einer winzigen Schaluppe scheint unser Dampfer zu schrumpfen zwischen den steil aufragenden Massiven, an denen immer mal wieder eine einsame Klause, ein winziges Tempelchen, eine Wetterstation, ein Leuchtturm oder auch eine Kleinstadt kleben. Stellenweise ist die Wasseroberfläche konvex, durch rasche Strömung und Gegenströmungen, so daß das Wasser an den Rändern stillezustehen oder zurückzufließen scheint und Fischer mit ausladenden Strohhüten in Ufernähe kleine Bambusnachen staken, während wir in der Strommitte dahinschießen. Nachts machen wir in winzigen Bergstädtchen fest, erklimmen Hunderte regennasser Stufen bis zur Uferstraße, kosten die scharfen Sichuan-Nudeln, bewundern die geschmackvollen und preiswerten Bambusmöbel.

Wenige Kilometer hinter Xiling, der mit 76 Kilometern längsten Yangtse-Schlucht, passieren wir den imposanten Gezhouba-Staudamm, Chinas bislang größtes Wasserkraftwerk, bald aber nur noch ein Riese unter den vielen großen Energieanlagen, die hier im Bereich der Engen im Entstehen sind. Aber das ist schon Hubei, und Sichuan, das »Land der vier Ströme« und der vielen Menschen, haben wir hinter uns gelassen ...

Die alte und große Kultur dieses Landes brauchen wir nicht zu suchen, brauchen ihr nicht nachzuspüren in Museen und Dokumenten. Wir begegnen ihr auf Schritt und Tritt, farbig und voller Überraschungen, selten hat Patina sich angesetzt, alles ist lebendig. Viele Linien reichen von vergangenen Jahrtausenden bis hinein in die Gegenwart, ungebrochen da, wo sie stark genug waren, Dynastien und Fremdherrschaft zu überdauern und Lebensquell für viele zu sein, für die »hundert alten Namen«, die große Masse. Traditionen sterben schwer, nicht nur in China, hier aber vielleicht langsamer als anderswo in schnellebiger Zeit. Und immer wieder wird gefragt, gerade in China: Sollen sie denn sterben? Und wenn ja, welche? Wer entscheidet darüber, was gut war damals und gut ist heute, oder schlecht? Wer fällt das Urteil, wo Kultur menschliche Größe spiegelt, aber im selben Maße auch Menschenverachtung? Zutiefst schöpferisch war Chinas Kultur, aber auch menschenverschlingend, im Wortsinn, hat doch beispielsweise der Bau der Großen Mauer mehr Menschenleben gekostet als der aller Pyramiden oder der Turmbau zu Babel, und sind nicht die prachtvollen Hauptstädte der alten Kaiserreiche auf den Knochen ihrer Erbauer errichtet worden?

Was also erhalten, und um welchen Preis?

Da sind die chinesischen Schriftzeichen, wohl das älteste Bindeglied zwischen früher Hochkultur und dem Heute. Sicherlich, manche Zeichen wurden vereinfacht, indem man in den fünfziger Jahren ihre Strichzahl reduziert hat. Es ist schon ein Unterschied, ob man das Zeichen für »Lernen« heute mit acht Strichen schreibt statt der früheren sechzehn, ob man beim Pferd nun mit dreien auskommt, wo es früher zehn Striche und Punkte bedurft hatte. Und doch ist die harmonische ausgewogene Architektur des Schriftzeichens, ist seine Ästhetik im Raum gültig überliefert, und viele Zeichen flimmern heute computergesteuert in elektronischen Textverarbeitungssystemen in einer Form über den Bildschirm, wie sie sich schon auf 4000 Jahre alten Bronzen gefunden hat. Ist das Zeichen aber nicht umständlich, ist es für chinesische Kinder nicht zeitraubend und schwierig, die vielen Zeichen zu lernen, wo sie ja alle sechs Klassen ihrer Grundschule dazu brauchen, um wenigstens dreieinhalb Tausend einzupauken, immer noch zu wenig, um eine Zeitung flüssig zu lesen? Und werden die Schriftzeichen nicht zum Hindernis für Kommunikation und Modernisierung?

So ganz und gar ist das nicht von der Hand zu weisen, und so wird der in den fünfziger Jahren begonnene Prozeß ihrer Standardisierung und Vereinfachung fortgesetzt, so daß langfristig die Umstellung auf Buchstabensymbole möglich wird. Noch aber ist das Schriftzeichen im Staat der 56 Völker, der Dutzenden Sprachen und Hunderten Dialekte, ein unverzichtbares Symbol und Element des nationalen Zusammenhalts. Solange verschiedene Bevölkerungsgruppen ein und dasselbe Wort sehr verschieden und für die jeweils anderen völlig unverständlich aussprechen, muß zumindest gesichert bleiben, daß man es in allen Landesteilen identisch schreibt – als Zeichen-Symbol, denn buchstabieren würde es ja jeder anders. Und ebenso lange wird die Linie ungebrochen bleiben, die von den ersten Schriftzeichen auf Knochen, Schildpatt oder Bronze hineinreicht in die mikroelektronisierte Welt der Gegenwart. Die versteht mittlerweile auch, mit Chinas wichtigstem Kulturerbe rationell umzugehen und zeitsparend. Systeme zur elektronischen Schreibung, Speicherung und Verarbeitung von Schriftzeichen werden ständig vervollkommnet. Mehrere Systemvarianten wetteifern miteinander um die optimale Programmsprache, um die logisch-rechnerisch effektivste Aufbrechung des Schriftzeichens, um wirtschaftliche Eingabe- und Verarbeitungsmethoden. In China, Japan, Hongkong und den USA entwickelte Module vermögen bereits, den Großteil des umgangssprachlichen Zeichenschatzes – er wird auf rund 7000 Einheiten beziffert – zu speichern und innerhalb weniger Sekunden abzurufen, mit weniger als vier Tastenoperationen pro Zeichen, so daß geübte Schreiber ebenso schnell arbeiten wie mit Englisch oder Deutsch.

Damit werden die über 300 Millionen chinesischen Grundschüler auch noch in naher Zukunft Zeichen büffeln müssen. Aber sie werden auch lernen, sie mit dem Computer zu handhaben, und an Schulen und Universitäten ist das Computerfieber längst ausgebrochen. Elektronikgeschäfte bieten Dutzende Rechnertypen an, mit Monitor, Drucker, Scanner, Maus und vieler Fachliteratur. Gleichzeitig wächst wieder die Freude am schöngeschriebenen Zeichen, wird die uralte Kunst der Kalligraphie, die in China immer gleichberechtigt neben Malerei, Musik oder Tanz stand, zu neuem Leben erweckt.

In den Schulen sehen wir Zehnjährigen zu, wie sie mit Pinsel und Tusche graphische Meisterwerke auf das Reispapier bringen, ihre Schriftzeichen mit eigenwilliger Linienführung und differenzierter Strichstärke vollenden, wie sie Punkten, Strichen und Bögen Charakter einhauchen, so daß ein Zeichen nie dem anderen gleicht. Kalligraphiewettbewerbe und -ausstellungen sind ein wesentlicher Teil der hiesigen Kulturszene, und ganze Galerien sind mit den dekorativen Schriftrollen behangen, auf denen ein einziges Zeichen stehen kann oder ein ganzes Gedicht, eine Widmung oder ein Sinnspruch, verhalten und zart gepinselt wie der Fühler der Zikade oder fallende Mandelblüten, dann wieder kraftvoll und ausdrucksstark wie ein stürzender Wasserfall, vital und dynamisch wie Drachen, die in den Meereswogen tanzen.

Die Schrift also wird bleiben einstweilen, und wer eingeweiht ist in ihre Geheimnisse und ihre Schönheit, der kann sich anderes schwerlich vorstellen. Aber braucht man auch die Tausende Klöster und Tempel, lohnen sich Gärten und Paläste, sind vergangenen Dynastien nachgestaltete Straßen den Aufwand wert, wie wir sie in Nanking, in Kaifeng oder Peking finden? Ist Bedarf an kostspielig hergerichteten Kultstätten für die Lehre vom Dao, für den Buddhaglauben oder das Andenken an Konfuzius?

Kontinuierliche Restaurationsarbeiten allein am Pekinger Kaiserpalast mit seinen fast zehntausend Räumen, an den geschwungenen ausladenden Dächern mit den glasierten Ziegeln, an den Marmorterrassen und dem Interieur der Audienzsäle und Thronhallen, an den Brautgemächern und der imperialen Bibliothek, an den Spezialmuseen und den Wachttürmen, an der Umfassungsmauer oder den Wehrgräben verschlingen Unsummen. Und China ist voll von gebauter Geschichte, von Sakralarchitektur vieler Jahrhunderte, verwitterten Steinen mit informativen Inschriften, Reliefs und Skulpturen. Auf unseren Reisen nach Hainan im tiefen Süden oder in den Südwesten nach Tibet, ins östliche Shanghai und Suzhou, in die Berge von Sichuan oder zum Huanghe bei Kaifeng gehört der Besuch aufwendig erhaltener Kulturstätten ebenso zum Programm wie Betriebe und Schulen, Häfen und Dörfer. Und der Stolz auf den Potala-Palast bei den Tibetern in Lhasa ist ebenso offenkundig, wie die Einwohner von Chengdu in Sichuan die »Grashütte« ihres Dufu herzeigen, die Shanghaier ihre Jade-Buddhas, die Menschen von Suzhou die alten Gärten. Es wird sichtbar, daß die Pflege und Bewahrung alten Kulturgutes nicht die abstrakte Konservierung des Erbes ist, mehr ist als Touristenattraktion und Schaustück für die Demonstration von Geschichte. China besinnt sich nach langer Dunkelheit in den »kulturrevolutionären« Jahren der Bilderstürmerei, wo manches unwiederbringlich zerstört und anderes nur mit Mühe und Not, oft unter Einsatz von Armee-Einheiten, vor den Exzessen der »Roten Garden« geschützt werden konnte, wieder seiner Quellen.

Zielstrebig und unter Aufbietung großer Kräfte wird darangegangen, die Vergangenheit nicht abzukoppeln von der Gegenwart, sondern das Bewußtsein dafür wachzuhalten, wo die eigenen Ursprünge liegen für das Werden der Nation, für den zeitweisen Abstieg auch, Verfall und Neubeginn. Monumente vergangener Epochen werden nicht mehr billig abgetan als reaktionärer Firlefanz, sondern aufgearbeitet im materiellen Sinne wie im historisch-ästhetischen; und weil Sakralbauten und klassische Aufzeichnungen, Volksmusik und Lokalopern, Lyrik oder Landschaftsmalerei, Jadeschnitzerei, Fächerbemalung, Seidenweberei oder Körper-Kampfspiele nie aufgehört hatten zu existieren, sondern im Volke immer lebendig geblieben waren, sind die Linien fest und ungebrochen. Das sozialistische China, reicher denn je, aber immer noch arm, läßt es sich Millionensummen kosten, sein Erbe in bestem Sinne zu kultivieren. Landesweit ist im Alltag wie in der Kunst die erneute Hinwendung zu den Wurzeln, zur eigenen Nationalkultur zu beobachten, die sich ja aus den Kulturen vieler Völker zusammensetzt. Vieles, vor dem wir in atemloser Bewunderung stehen, reicht in seiner kulturgeschichtlichen Bedeutung weit über die Grenzen des Landes hinaus. Die symmetrisch und mit exquisitem Sinn für Gleichgewicht und Linie erbaute ehemalige Verbotene Stadt in Peking beispielsweise, oder die Sommerresidenz in Chengde, der Garten des Meisters der Netze in Suzhou oder der Gedenktempel des Fürsten Wu in Chengdu, der Große Buddha von Dazu in Sichuan oder die Grotten von Dunhuang, der Potala-Palast in Tibet oder die Pagode der Sechsfachen Harmonie sind Perlen auf der Kette der Weltkultur.

Zusammengehalten wird die Kette vielleicht mit Seide. Das hauchfeine Gespinst aus dem Faden des Kokons der Maulbeerbaumblätter fressenden Raupe hat eine mehr als dreitausendjährige Geschichte. Längst hat das leichte und dauerhafte, gut waschbare und luftdurchlässige Gewebe die Welt erobert und bislang jeder Konkurrenz durch Kunstfasern standgehalten. Jener Stoff, nach welchem bereits die uralte Handels- und Karawanenstraße von China über Arabien bis zu den Königshöfen in Europa benannt wurde, ist für viele zum Symbol Chinas schlechthin geworden, seines Erfindergeistes, seines Fleißes, der Farbigkeit und Beständigkeit.

Im Seidenforschungsinstitut von Suzhou in der Provinz Jiangsu und am Westsee von Hangzhou in Zhejiang sehen wir zu, wie die Kokons vollautomatisch abgewickelt werden, wie programmgesteuerte Webstühle mit unendlich vielen Variationen für das Design die begehrten Brokatstoffe weben für Gewänder, Bettdecken und Kissenplatten daheim oder die ständig wachsende Nachfrage im Ausland. Was zudem Frauen- und Mädchenhände aus den Seidenfäden herstellen, ist ein Wunder im Kleinen. Die Landschaften und Blüten, Katzen, Fische, Vögel und Zikaden, die aus dünnstem Faden auf transparentes Vlies gestickt werden, leuchten so bunt und naturgetreu, sind so voller Duft und Leben, daß sich das Auge nicht sattsehen kann. Und das Wundern hört nicht auf. Zwischen zwei Glasplatten ist eine Stickerei gespannt, die Goldfische zeigt, die sich im blauen Wasser tummeln. Was auf den ersten Blick wie ein Fingerabdruck auf der Scheibe anmutet, erweist sich bei näherem Hinschauen als eine aufsteigende Luftblase eines Fisches. Sie ist, ebenso wie die ins Nichts auslaufenden Flossen und Schwänze der Tiere, so zart in der Kontur, daß es zuvor nötig war, den ohnehin dünnen Seidenfaden immer wieder zu spalten, bis er nur noch ein Zweiundvierzigstel der ursprünglichen Stärke aufwies.

In anderen Rahmen aus Rosenholz hängen Meisterwerke, die auf beiden Seiten völlig unterschiedliche Motive zeigen. Sie sind zumeist mit einunddemselben Faden gestickt, aber wo auf einer Seite Katzen sich balgen, toben auf der anderen junge Affen. Wir finden ganze Landschaften oder Szenen aus alten Romanen, an denen mehrere Frauen gleichzeitig Jahre gestickt haben.

Verwandt ist diese Kunst mit der der Landschaftsmalerei, die ihre frühe Blüte in der Song-Dynastie erreichte. Ob es sich um die kostbaren Originale in Museen und Palästen handelt, für unsere Begriffe oft sorglos und kaum gesichert gehängt, oder um die meisterlichen Holzdrucke aus dem Pekinger Haus der Schätze Rongbaozhai, sie vermitteln ein Gefühl von Schwerelosigkeit und Eleganz, von Harmonie und Verhaltenheit, konturlose Schemen von Berghängen und Einsiedeleien in den Wolken, wie sie nur in den Gebirgen Chinas zu finden sind, dem Land, das ja zumeist aus Bergen besteht.

Ob wir es mit der Liebeslyrik der Tang-Poeten zu tun haben, oder uns an dem blauweißen Ming-Porzellan erfreuen, ob wir die filigran geschnitzten Sandelholzfächer oder die fragilen Scherenschnitte in den Händen halten, vor einem Elefantenzahn stehen, aus dem eine ganze Klosterlandschaft mit einer Vielzahl von Pavillons herausgearbeitet ist, oder vor den braunroten Lackarbeiten – alles verrät unendliche Geduld, Fleiß und ein uraltes und tiefes Verständnis vom Umgang mit Material und Formen, Eigenschaften, die lebendig sind wie eh und je und in demselben Maße der Entwicklung von integrierten Schaltkreisen zugute kommen wie der liebevoll gepflegten Kunst und dem Handwerk.

Kultur in China und ihre Wunder. Welch einen Frevel begingen wir, uns der vielen Künste zu erfreuen, ohne jene wundersame zu genießen, die wohl die populärste ist und mit der wir es auf das erfreulichste täglich neu zu tun bekommen – die Kunst der Küche. Kulturhistorisch ist sie nicht weniger wichtig als die Schriftzeichen, nur daß sie im Gegensatz zu jenen längst begonnen hat, die Gaumen des Auslands zu erobern. Chinesisch kochen, ein Abenteuer, ein Genuß. Aber schon geraten wir mit unseren Begriffen ins Stocken, denn gekocht wird das wenigste, und eine chinesische Küche schlechthin gibt es auch nicht. Vielmehr wetteifern zahlreiche alteingesessene Schulen miteinander, von denen die nördliche oder Peking-Küche, die fisch- und soßenreiche Shandong-Schule, die scharfe Sichuan-Küche und das varianten- und nuancenreiche Kantonesische erfolgreich die Spitzenpositionen behaupten, vor Dutzenden anderen Haupt- und Nebenarmen eines breitgefächerten Systems. So werden wir hier nicht gefragt, ob wir Chinesisch essen wollen, das wird ohnehin vorausgesetzt und ist zudem wenig konkret. Stattdessen ist vor jeder Mahlzeit neu zu beraten und zu entscheiden zwischen den Richtungen, die sich von Provinz zu Provinz, von Kreis zu Kreis unterscheiden in den Zutaten, der Zubereitung, in der Farbe, der Zusammenstellung, der Konsistenz, vor allem im Aroma und Geschmack.

Und man beginne an der runden Tafel, die ja kommunikationsfreundlicher ist und hierarchiefeindlicher als eine eckige, nicht über Politik und Wirtschaft zu sprechen. Über das Leben, die Zeitläufe und Philosophisches ist nur da zu plaudern, wo die Genüsse des Gaumens tangiert werden, anderes würde von der Hauptsache ablenken und den Gastgeber irritieren, hat er doch Geschick und Kunstverstand nicht gescheut, von den Kosten einmal zu schweigen, bei der Zusammenstellung des Menüs, Vorarbeit geleistet, die Würdigung erfordert und Aufmerksamkeit fürs Detail. Da schmeicheln schon die Vielfalt und das Arrangement der kalten Vorspeisen Augen und Zunge, abhängig von der Saison und der Tageszeit, von der Region und dem Können des Meisters.

Die grünen Eier, die da zu Segmenten aufgeschnitten liegen und mit braunem Zhenjiang-Essig, mit kleingehacktem Ingwer und Knoblauch angerichtet sind, werden zu unrecht faul geheißen. Sie waren Monate vorher roh, eingepackt in Lehm und Häcksel in sonnenreicher Gegend solange vergraben worden, bis sie diese Farbe und ihren unverwechselbaren Geschmack erhalten haben. Bei den mit Sesamöl gewürzten feingeschnittenen Streifen haben wir es nicht mit halbgaren Nudeln zu tun, sondern mit frischen Meeresquallen. Die Wachteleier kennen wir, die Tomatenscheiben aber werden in Zucker gewälzt. Tintenfisch und Ölgemüse, gedämpfte Erdnüsse aus Shandong und Streifen vom Duftessig-Huhn, in siedendem Öl aufgegangene Krabbenchips und rotgegarte Filetscheibchen verführen zum Kosten ebenso wie die bunten Blüten und Früchte, die täuschend ähnlich aus Möhren und Rettich geschnitzt sind. Und essen wir »gehoben«, sind ganze Schmetterlinge oder Phönixvögel aus Gemüsen, Pilzen und Eischnee geformt, die wir mit den Stäbchen zu zerstören zögern. Dabei ist all dies nur die Ouvertüre, Präludium für Kommendes. Wir wollen von allem nur kosten, werden reichlich Lob spenden, das uns leicht genug vom Munde geht, denn so variantenreich sind die Gänge, so ausgewogen ist ihre Zusammenstellung, daß auch der Novize aufs beste bedient ist. Manches mag nicht auf den ersten Bissen munden. Das meiste aber ist delikat und schmackhaft auch für den Noch-Nicht-Adepten chinesischer Küchenkultur, der sich vielleicht abmüht und hilflos mit den Stäbchen in der Luft herumstakt. Und so wollen wir nicht vor Zeiten aufgeben, erst recht nicht unhöflich sein und zurückweisen, was uns als Gäste vorgelegt wird, immer der beste Bissen. Bereitwillig wird uns Auskunft darüber, zu welcher Jahreszeit der Grasfisch in Suzhou besonders mundet, woraus sich die Innereien des Sichuan-Feuertopfes zusammensetzen, wie die Peking-Ente ihre knusprige Bräune erhält, auf welche Weise das Fleisch für die Hammelfondue Nordchinas so hauchdünn geschnitten wird, was noch außer Erdnüssen für das feurige Palast-Juwelen-Fleisch genommen wird, wie die Frösche und Garnelen in Kanton zubereitet werden, welcher Aufwand für das Gericht mit acht Schätzen betrieben wird, und wie lange die teuren Abalonenmuscheln wachsen müssen, ehe sie, angemacht mit Duftöl und Austernsoße, ihre knorplige Konsistenz und den zarten Geschmack erreichen.

In Xi'an lernen wir das eingewickelte »Bettlerhuhn« schätzen und in Kunming die »Nudeln, die über die Brücke gehen«. Irgendwo am Yangtse wird uns eine Delikatesse serviert, die sich »Buddha springt über die Mauer« nennt. Seltene Gemüse und Pilze, mehrere Fleischsorten und Gewürze werden in einem Tongefäß so lange gegart, bis das Ganze zu einem erlesenen Schmaus gereift ist, der zudem, wie so vieles, was wir an Chinas gastfreundlichen Tafeln zu uns nehmen, nicht nur den Lebens-, sondern auch den Liebesnerv befeuern soll – was Wunder also, daß selbst Buddha das Meditieren sein läßt und zu uns an den Tisch springt.

Und bei alledem ist man dem Neuling noch nicht einmal mit den wirklichen Exoten unter den chinesischen Gaumenfreuden gekommen, hat ihm aus Rücksicht auf schnitzel- und kartoffelreiche Herkunft Schlange und Katze vorenthalten, ihn mit Würmern und Spatzen nicht abgeschreckt, mit Heuschrecken und Kamelfüßen nicht schockiert, ihm Ratte oder Hammelhoden noch nicht zumuten wollen. Auch wird man ihm nicht allzu unergründliches Seegetier vorlegen oder den »chou doufu« – »stinkenden Bohnenquark« –, der gelegentlich an ähnlich gefärbten Harzer gemahnt. Und bei alledem haben wir die Eßgewohnheiten der vielen nationalen Minderheiten noch nicht einmal gestreift . . .

Chinas Küche ist ein Abenteuer, das immer gelingt, jede Mahlzeit wird zur Entdeckung, jede Reise zur lukullischen Exkursion in fremde Zonen. Vielfalt ist angesagt, und der Neuling ist gut beraten, der rasch seine Klischees vergißt: Alles ist scharf, zum Beispiel. Grundfalsch. Scharf sind nur einige Gerichte der Sichuan-Küche, dies aber auf so vielfältige Weise, daß vielen diese Richtung als chinesisches Essen schlechthin gilt. Oder: an allem ist Soja-Sauce. Ebenso grundfalsch. Soja wird häufig, aber in geringen Dosen verwendet, bei reinen Gemüsegängen nie, und geradezu barbarisch ist die Touristenmanie, sie über den weißen Reis zu träufeln. So nuancenreich stehen Gemüse und Gewürze zur Verfügung, so wichtig sind Fleisch- und Fischarten, so gekonnt wird geschnitten und mariniert, gedämpft und »pfannengerührt«, abgeschmeckt und arrangiert, in siedendem Öl nur sekundenlang gesotten oder im Steintopf stundenlang geköchelt, daß immer neue Varianten entstehen, auch da, wo Soja überhaupt nicht vorkommt oder der Kochwein ausgegangen ist. Was da allein aus jungen Bambussprossen und Pilzen, aus Bohnenkeimen und Chinakohl gezaubert wird, ist magenfreundlich, schmackhaft und sättigend, ist eiweißreich, voller Vitamine und wenig fett. Mit wieviel Phantasie Zimtrinde, Erdnüsse, Süßkartoffeln und Kokos, Blätter und Wurzeln auf delikateste Weise eßbar gemacht werden, mit welchem Blick für Farben und Formen Speisen überhaupt auf den Tisch gelangen, auf dem bereits Porzellanschälchen und Teller, Stäbchen und hors d'œvres zum Mahle laden, das ist nicht nur Eßkultur, sondern lebendige Kulturgeschichte. Und die hundert Schulen der miteinander streitenden Philosophen sitzen mit uns ebenso zu Tisch wie die ehrbaren Kompendien der Ärzte- und Küchenkunst und die Weisheit der »hundert alten Namen«, die aus Not gelernt haben, auch die unscheinbarsten Gaben der Natur zu verwerten. Wunder über Wunder begegnen uns auf den Tischen unserer Gastgeber, mögen sie in brokatausgeschlagenen Sälen stehen und mit gelbem Kaiserporzellan für fünfzehn Gäste prachtvoll eingedeckt sein, oder in winzigen verräucherten Garküchen, wo wir zusehen dürfen, wie der schwitzende Shifu aus Mehl und Brühe, Tier und Pflanze mit einem Dutzend Pasten, Pulvern und Tunken Erstaunliches bereitet. Enorme Hitze für die tiefe Pfanne braucht er dazu, das Angebot der vielen Märkte und das überlieferte Wissen darum, wie mit Speisen und Geräten umzugehen ist.

Manches davon werden wir daheim nachvollziehen können, oder es doch versuchen müssen, denn wer Chinesisch gegessen hat, ist gebrannt. Die wahre China-Küche aber gibt ihre Geheimnisse nur zögernd preis, belohnt nur die Geduldigen und Ausdauernden. Mit vielen Wundern ist das so hierzulande, wenn sie ihre Wurzeln in alten Traditionen haben, sie müssen erobert werden.

Manchmal hilft dabei der Zufall, wie in Shaanxi beispielsweise, einer ursprünglich wenig bekannten Provinz im Nordwesten, am Mittellauf des Gelben Flusses. Hier lagern im Norden, übergreifend auf die Autonome Region Innere Mongolei, Chinas größte Kohlevorräte, mit enormer Bedeutung für das Modernisierungsprogramm bis zum Jahrhundertende. Hier liegt aber auch Yan'an, der Endpunkt des historischen Langen Marsches, mit dem sich Chinas Revolutionsarmee in den Jahren 1934 und 1935 aus der Umklammerung der Reaktion befreit hat. In den Wohnhöhlen der schwer zugänglichen Berge, geschützt sowohl vor den Guomin-

102 dang-Armeen wie vor den japanischen Bombenteppichen, sind die Pläne und Strategien für den Sieg der Kämpfe gereift, lag die Befehlszentrale für die Schlachten, wurden die ersten Offiziere und Lehrer für das neue sozialistische China ausgebildet, schufen Mao Zedong, Zhou Enlai und Zhu De die Voraussetzungen zur Machtübernahme in Peking und zur Gründung der Volksrepublik. Und in derselben Provinz am Gelben Fluß, wo lange vor der Zeitrechnung die Wiege der chinesischen Hochkultur gestanden hatte, war China als geeinter Nationalstaat überhaupt entstanden. Wir sind in Xi'an, der Hauptstadt der Provinz. Nur wenig verrät heute noch, daß hier das historische Chang'an, die Hauptstadt des Tang-Reiches und eines Dutzend anderer Dynastien gelegen hat, eine Stadt mit Hunderten Palästen und Tempeln, in exakt geometrischer Anlage die Straßen und Plätze, wie sie später originalgetreu in Nara und Kyoto in Japan nachgebaut wurden. Am Anfang der alten Seidenstraße gelegen, war Chang'an im achten Jahrhundert eine für ganz Mittel- und Ostasien zentrale Stätte der Begegnung und der Kultur, wo sich nicht nur die Händler aus den Ländern des Orients und des Okzidents mischten, sondern auch die christlichen Nestorianer mit den Buddhisten, die Anhänger Zoroasters mit denen des Islam. Daß in dieser Gegend auch die wohl weitläufigste und großartigste Grabanlage für einen einzelnen Mann gebaut wurde, wissen wir erst seit 1974, durch besagten Zufall. Da hatten Bauern eine Autostunde vor Xi'an einen Brunnen bohren wollen und waren dabei auf tief vergrabene Tonfiguren in Lebensgröße gestoßen. Sie konnten nicht wissen, daß sie den vielleicht spektakulärsten archäologischen Fund unseres Jahrhunderts gemacht hatten, kam doch mit den sofort eingeleiteten Grabungen die mittlerweile weltbekannte Terrakotta-Armee des Qin-Kaisers Shihuangdi ans Tageslicht.

Fotografieren verboten! Das gilt zunächst auch für uns. Es scheint verständlich, daß man das, was sich hier als achtes Weltwunder dem Beschauer bietet, nicht dem touristischen Schnappschuß überlassen will. Eine seit 22 Jahrhunderten begrabene, in Schlachtenformation angetretene Armee von Tonkriegern mit Wagen und Pferden, mit Waffen und in vollem Ornat verschenkt sich nicht als Souvenir. Wir dürfen dann doch näher treten und fotografieren im Schacht Nummer Eins, der von einem riesigen Glasdach überdeckt ist wie ein Hangar. Mehr als 1000 Krieger sind freigelegt, sorgfältig restauriert. Tausende sind noch immer ganz oder bis zum Rumpf vom Erdreich bedeckt, manchmal ist nur ein Arm zu erkennen, eine Schulter.

In der Ostasiatischen Sammlung waren einige Exemplare zu sehen zum 750. Jahrestag Berlins. Hier in Xi'an sind es ganze Heerscharen, und wir schauen zu, wie eine Handvoll Archäologen mit äußerster Sorgfalt – sie benutzen fast nur die bloßen Hände und klares Wasser, um die Figuren freizulegen und auszuschwemmen – die Hauptstreitmacht des Qinshihuang freilegt. Nicht einmal 20 Jahre regierte das Haus Qin, von 221 bis 207 vor unserer Zeitrechnung. Und doch war es eine entscheidende Periode für die Herausbildung Chinas zum Einheitsstaat, und jener legendäre und dokumentierte Qinshihuang ging als die vielleicht am meisten schillernde Figur in die chinesischen Annalen ein. Nachdem er die restlichen sechs Teilstaaten besiegt hatte, faßte er die zersplitterten Fürstentümer zusammen, einigte das Reich, das er fortan in 36 überschaubare Präfekturen gliederte und nicht mehr vom stets aufmüpfigen Erbadel, sondern von bestallten Beamten verwalten ließ, die Prüfungen abzulegen hatten. Der Reichseiniger schuf landesweit gültige Normen für Maße und Gewichte, für die Breite der Wagenspuren und für die Zeichenschrift, vereinheitlichte das Münzsystem und schuf insgesamt politische und wirtschaftliche Rahmenbedingungen für den chinesischen Staat, wie sie im Kern bis in die Anfänge unseres Jahrhunderts wirkten. Zugleich ließ er – welch ein Widerspruch und welche Tragik – alles zerstören, was seiner Alleinherrschaft im Wege stand. Neben seinen Pionierleistungen für die chinesische Zivilisation steht der grausame Despot als früher Vorläufer der »Kulturrevolution« in den Annalen, wird durch Bücherverbrennungen und das Verbot jeglicher klassischer Literatur bekannt und schreckte auch nicht davor zurück, Hunderte Anhänger der konfuzianischen Schule lebendigen Leibes zu begraben.

Schon damals forderten große Zeiten große Monumente. So ließ der Kaiser, der der Überlieferung nach mit dreizehn Jahren auf den Thron gelangte, unverzüglich mit dem Bau des wichtigsten beginnen, seiner gigantischen Grabanlage. Mehr als fünfzig Quadratkilometer mißt der gesamte Komplex, der erst nach dem Tod des Herrschers fertiggestellt wurde. Und die gewaltige lebensnah nachgebildete Armee – jedes Gesicht sieht anders aus, Haartracht, Gewänder, Bärte und Panzer sind individuell und detailgetreu; Analysen belegen nicht nur die ausgezeichnete künstlerische Gestaltung der Figuren, sondern auch die präzise Beherrschung der Keramik-Modellierung und der Sintertechnik – ist bei alledem nur ein Teil dieses Wunders. Noch Erstaunlicheres mag uns erwarten, wenn eines Tages das nunmehr verifizierte Kaisergrab selbst freigelegt wird, in fünf Jahren, in zehn? Wenn die Bedingungen reif sind, lautet die Antwort.

Sollte sich dann auch nur ein Bruchteil von dem bestätigen, was Chinas erster namhafter Historiker über die Grabkammer des Qinshihuang hundert Jahre nach ihrem Bau berichtet, dann verbergen sich unter dem bewachsenen Hügel nahe der Tonkrieger-Armee Wunderdinge. Von vollständigen unterirdischen Palästen ist die Rede. Die eigentliche Grabkammer soll von einer Kuppel überwölbt werden, an der, vielleicht sogar rotierend, das gesamte Firmament dargestellt ist. Am Boden seien »die 100 Ströme« ausgehoben und mit Quecksilber angefüllt worden, das ständig fließt. Automatisch sollen Armbrust-Selbstschußanlagen jene zu Boden strecken, die die Kammer öffnen und sich an den unermeßlichen Schätzen vergreifen, die dem Herrscher mit auf den Weg gegeben wurden. Ewig brennende Lampen, gespeist mit dem Fett von Fischen und Salamandern, sollen ihm den Weg zeigen. Und damit die Baumeister und die Arbeiter all dies nicht ausplaudern, wurde, als alles fertig war, hinter ihnen das große Haupttor geschlossen, so daß sie samt der Dienerschaft, den Beamten, der Armee und den Konkubinen des Despoten für immer begraben bleiben . . .

Auch wenn in späteren Aufzeichnungen davon die Rede ist, daß das Grab geöffnet, geplündert und gebrandschatzt wurde, wie es heute aussieht, wissen wir noch nicht. Nur große Mengen des in dieser Gegend nicht vorkommenden Quecksilbers sind nachgewiesen worden.

Qinshihuang hat 700 000 Menschen an seiner Grabanlage fronen lassen. Genausoviele hat er eingesetzt, an den Nordgrenzen seines Reiches, in dem »soweit Sonne und Mond leuchten, soweit Boote und Wagen fahren, alle seinem Befehle gehorchen und keiner unzufrieden« war, einzelne Grenzbefestigungen miteinander zu verbinden – zu frühen Vorläufern der berühmten Großen Mauer. Auf ihn geht sie zurück, wenngleich das, was wir heute sehen und fotografieren, eineinhalb Jahrtausende nach ihm entstanden ist.

Wie ein Drache schlängelt sie sich über Berge und durch die Senken, von der Ostküste am Gelben Meer bis in die Wüsten von Gansu. Verteidigungswall gegen die »nördlichen Barbaren« war sie, Straße und Kommunikationslinie, über die die Nachrichtensignale per Feuerzeichen bei Nacht und mittels Rauchsäulen bei Tage innerhalb kurzer Zeit in viele Landesteile gelangten. Immer wurde an der Mauer gebaut, auch heute noch, wo ständig neue Abschnitte erforscht, restauriert und dem anschwellenden Strom von Besuchern zugänglich gemacht werden, bei Peking und Tianjin, an der Küste und in den Inlandprovinzen, ein Moloch, der wie die Erhaltung der Kaisergräber und der Paläste Millionen verschlingt. Ein Symbol aber auch für die große Idee, für die Kunst der Baumeister, den Fleiß und die Leiden der Fronenden, für Emsigkeit und Beharrlichkeit schlechthin, die Chinas Menschen eigen sind und die erst alle Wunder im Reich der Mitte möglich machten, auch dieses, das als einziges menschliches Bauwerk mit bloßem Auge vom Mond zu betrachten ist.

Der Nanking-Road ist der belebteste Boulevard Shanghais

Der Yu-Garten mit seinem malerischen Teehaus
gehört zu den Sehenswürdigkeiten in Shanghai

Auf den vorhergehenden Seiten:
Seepavillons, Lotosteiche und Brücken schaffen eine lyrische Stimmung

Die modernsten Bauten sind oft die Hotels.
Der Tourismus bringt einen wichtigen Teil der begehrten Devisen ins Land und schafft neue Arbeitsplätze

Arie im Pavillon. Freilichtaufführungen
klassischer Opern erfreuen sich
an heißen Sommertagen großer Beliebtheit

Hotelriesen entstehen oft mit ausländischer Kapitalhilfe. Gemischte Gesellschaften (joint ventures) teilen sich in die Bewirtschaftung und den Gewinn. Investitionen dieser Art werden besonders in der Küstenregion begünstigt

Märkte in China. Mit allem wird gehandelt.
Die Reformpolitik auf dem Lande hat zu einem reichhaltigen Angebot an Nahrungsmitteln geführt. Gemüse und Gewürze, Obst und Fische, Fleisch und Eier gibt es genügend, vor allem im Süden des Landes

Schleuse am Changjiang. Dschunken und Passagierschiffe warten geduldig

Auf der Fahrt flußabwärts locken die Hafenstädtchen am Ufer des Changjiang zur Rast

Auf den vorhergehenden Seiten:
Chongqing, die größte Stadt
der Provinz Sichuan

Shilin, der Steinwald in der Provinz Yunnan.
Die bizarren Karstformationen im Kreis Lunan sind
270 Millionen Jahre alt und einzigartig auf der Welt

Noch ist der Reisanbau schwere körperliche Arbeit. In mehreren Südprovinzen kann zwei- oder dreimal im Jahr geerntet werden

Wo es zu unwegsam ist oder zu eng, bleibt die Tragstange mit den beiden Körben noch immer ein unverzichtbares Transportmittel

Auf den vorhergehenden Seiten:
Huanghelou – der Kranichturm in Wuhan
am Changjiang. Von den Dichtern oft besungen,
ist er in alter Schönheit neu entstanden

Am Kranichturm in Wuhan. Die Anlage unweit der Großen Brücke über den Changjiang gehört zu den Sehenswürdigkeiten der Industriestadt am großen Strom

Das Stahlwerk in Wuhan gehört zu den ältesten der Volksrepublik. Mit Mitteln, Anlagen und von Experten aus Japan und der BRD rekonstruiert, zählt es heute zu den bedeutendsten Hüttenkomplexen Chinas

Chinesisches Schach ist das beliebteste Brettspiel. In einem Feierabendheim in Chengdu, der Hauptstadt von Sichuan. Heime dieser Art werden von Städten und Gemeinden, mitunter aber auch von Betrieben unterhalten

Ein Spielchen in der Pause ist allemal gefragt. Auch hier genießt das chinesische Schach den Vorzug, erst dann folgen Kartenspiele oder Go

SUZUKI
GSX400F
12212

Chinas Großstädte sind voller Lärm und Hektik – in den Gassen aber geht es beschaulich zu, besonders in der Sommerhitze

Im Dunstkreis von Tempeln und Toren, Wällen und Mauern blüht das Gewerbe. Fliegende Händler stehen in Konkurrenz zu den Ansässigen, die Geschäfte und Restaurants, Werkstätten und Lager in ihren Wohnhäusern unterbringen

Moderne Bauten und Verkehrslösungen bestimmen zunehmend das Bild chinesischer Großstädte

Eine Handvoll Tische und Bänke und das fliegende Restaurant ist fertig. Einfallsreich wie Chinas Köche sind diese Garküchen

Die Große Wildganspagode, das Wahrzeichen von Xi'an, ist im Jahre 652 fertiggestellt worden. Ihre sieben Geschosse sind 64 Meter hoch und beherbergen wertvolle Inschriften und Reliquien aus der Zeit des aufkommenden Buddhismus

法轮常转

Speisekarten verzeichnen oft über 200 Gerichte, von denen die meisten zu haben sind. Je größer der runde Tisch, um so größer die Vielfalt der Gänge. Das Erlebnis chinesischer Küche ist endlos und voller Abenteuer

Der Küchenchef läßt sich nur selten über die Schulter schauen. Beeindruckend ist, welche Vielfalt des Geschmacks mit geringem Aufwand erreicht wird

Die 1974 durch einen Zufall entdeckte Tonkrieger-Armee des Qinshihuang, 30 Kilometer vor Xi'an, ist die bislang spektakulärste Ausgrabung Chinas in diesem Jahrhundert. Die Zahl der Figuren wird auf 6000–8000 geschätzt. Seit 1979 ist die erste Formation freigelegter Krieger und Pferde zu besichtigen

Die Kalligraphie war stets eine hochangesehene Kunst in China, ebenbürtig der Malerei. Auch heute wird die Kunst des Schreibens gepflegt

Ob für die Porzellanherstellung oder beim Scherenschnitt, für die Bemalung der Fächer, die Jadeschnitzerei oder wie hier bei der Seidenstickerei – die Liebe zum Detail ist ebenso gefragt wie Fingerfertigkeit, Geduld und Verständnis für Form und Farbe

Palast in Kaifeng. Die Stadt gehört zu den sechs alten Hauptstädten des Reiches der Mitte. Ihre Palast- und Tempelanlagen werden sorgfältig erhalten

Paläste und Pagoden, Hallen und Freitreppen, Marmorpodeste und -brüstungen wie hier in Kaifeng sind unverwechselbare Elemente der klassischen Architektur Chinas, die unter Aufwendung großer Mittel restauriert und der Öffentlichkeit zugänglich gemacht wird

Buddhistische Tempel gehören zum Kulturgut des heutigen China. Die Lehre hatte sich im 6. Jahrhundert stark verbreitet. Sie ist in Inhalt und Form auf Friedfertigkeit und Güte gegenüber Mensch und Tier gerichtet

Bei Zhengzhou am Huanghe, dem Gelben Fluß. Der Pavillon überschaut den Strom, der sich mit seinen Schlammassen träge dahinwälzt

Gassen und Märkte bestimmen noch immer
das Bild chinesischer Städte,
verleihen ihnen den unverwechselbaren Reiz,
der gefangennimmt und nie ermüdet

Am Huangpu-Fluß in Shanghai

Die nationalen Minderheiten sind über die ganze Volksrepublik verbreitet. Sie siedeln konzentriert in den fünf autonomen Gebieten, in den autonomen Präfekturen und Kreisen. Hier Minderheiten auf der Insel Hainan

風景幽情
仙洞橋

Die Insel Hainan ist seit 1988 Provinz. Mit 34 000 Quadratkilometern ist sie nach Taiwan Chinas zweitgrößte Insel. Sie ist für ihre unberührten Strände, ihre tropischen Plantagen und ihre nationalen Minderheiten in malerischer Landschaft bekannt. Mit dem Provinzstatus erhielt Hainan den Status einer Wirtschaftlichen Sonderzone mit großer Entwicklungsdynamik

Auf den folgenden Seiten: In Südchina

Chinas Südprovinzen haben subtropisches und tropisches
Klima. Kokospalmen und Ananas gedeihen hier
ebenso wie Mango- und Papayafrüchte und drei Reisernten

Yunnan und Guangdong
sind Chinas wichtigste Teeprovinzen

Auf der folgenden Seite:
Hainans Palmenstrände sind noch paradiesisch einsam: Tropensonne über blauem Wasser und grüne Palmen am gelben Strand

Der harte Marmor mit den weichen Bildern wird seit Menschengedenken in den Azurbergen geschlagen. Er ist in Güteklassen eingeteilt, von denen der Weißstein, der Wasserblütenstein und der Blumenmarmor zu den begehrtesten gehören. Die Meister wissen den Stein so zu spalten und zu schneiden, zu schleifen und zu polieren, daß die Maserung Vögeln oder Blumen gleicht, entrückten Berglandschaften mit den Gipfeln im Wolkennebel, mit Fichtenwäldern oder Bambushainen und verschwiegenen Bächen. In Tischen und Sesseln, als Wandschirme und Schmuckelemente treffen wir die Marmorplatten überall in China.

Marmorne Häuser aber baut man nur hier, wo der weiße Stein gewonnen wird, in Dali, dem Autonomen Bezirk der Bai-Nationalität in der Provinz Yunnan. Zwischen den vom ewigen Schnee bedeckten Azurbergen, deren höchste Massive die 4000-Meter-Grenze überragen und die gleichsam aus dem Hochgebirge von Tibet herauswachsen, und dem Ohrenmeer, einem Süßwassersee in Form einer Ohrmuschel, finden wir die Heimat einer Völkerschaft, die zur großen Familie der nationalen Minderheiten der Volksrepublik gehört. Schon Marco Polo hatte auf seinen Reisen durch Kataia die Hauptstadt des Nanzhao-Reiches im chinesischen Südwesten bereist und in seinen Erzählungen erwähnt. Im Knotenpunkt alter Handelsstraßen gelegen, die Yunnan in einer Richtung mit dem tibetischen Hochland und Nepal, und in der anderen mit Burma und Indien verbinden, gehört die Bai-Nationalität im Gegensatz zu fast allen übrigen Minderheiten zu den wohlhabenden Völkerschaften Chinas.

Zehn Autostunden haben uns von Kunming hierher gebracht. Die Fahrt führte ausschließlich durch Berge über eine gut gehaltene, aber schmale Straße, auf der wir zahllosen Holztransportern und manchen Unfällen begegnen, Folgen der Übermüdung der Fahrer, der Überladung der altersschwachen Fahrzeuge. In der Provinzhauptstadt Kunming, wegen ihrer stets gemäßigten Temperaturen auch »Stadt des ewigen Frühlings« geheißen, hatten wir von den großen Gegensätzen in Yunnan erfahren, der Provinz »südlich der Wolken«, wo Wohlstand und Armut noch eng beieinander liegen. Wir haben winzige verstreute Bergdörfer passiert, in denen noch die Lehmhütte als Zuhause dient, haben aber auch Reihen von neuen Bauernhäusern gesehen, in der Nähe gepflegter Wasserreisfelder, grüner Gemüse- und Obstplantagen.

Unser Ziel – Dali – bietet schon rein äußerlich ein Bild des Wohlstandes und der Gediegenheit. In den wettergegerbten Mienen der schwarzgekleideten Frauen der Miao-Nationalität, die auf kleinen von Ponys gezogenen Karren singend heimfahren von der Feldarbeit, ist Lachen und Frohsinn. Bunte Schirme gegen die auch am Abend noch sengende Sonne kontrastieren mit dem Blau des Himmels und dem roten Hibiskus am Rand der grünen Felder. Das milde Klima ermöglicht hier mehrere Ernten im Jahr, und die Lage im Schnittpunkt alter Handelsrouten, der Fischreichtum im Ohrenmeer, die Steinbrüche voller Marmor, hauptsächlich aber wohl die Emsigkeit seiner Bewohner haben Dali zu einem aufblühenden Landstrich gemacht, den Chinesen gern als ihre Schweiz bezeichnen, wie sehr dieser Vergleich auch hinken mag und zudem überflüssig ist, braucht sich doch Dali ebensowenig mit fremden Attributen zu schmücken wie Suzhou, das immer wieder das chinesische Venedig geheißen wird.

Wir sind zur Zeit des Reisumpflanzens gekommen. Die Mädchen tragen in riesigen Körben die Setzlinge von den Terrassenfeldern hinunter zu den größeren, wasserbedeckten Flächen. So schnell werden dort die jungen Schößlinge gesteckt, in so schnurgerader Linie und regelmäßigem Abstand, daß wir den Arbeitsgängen kaum zu folgen vermögen. Unerklärlich bleibt uns, wie sie es fertigbringen, im Schlamm der Felder zu arbeiten, stundenlang, ohne ihre Kleidung zu beschmutzen, nur die blauen oder schwarzen Hosenbeine haben sie hochgekrempelt. Es sind Tausende Mädchen und Frauen, die den Reis auspflanzen, und sie haben sich nicht für Besucher so angezogen, sondern tragen ihre Trachten, wiederum im Gegensatz zu den meisten übrigen Völkerschaften, auch im Arbeitsalltag: weiße Blusen, über denen rote, reich bestickte Westen getragen werden und ebenso reich verzierte Schürzenröcke über den langen weiten Hosen. Häufig runden bestickte Kopfbedeckungen die Tracht, und die geraten auch dann nicht außer Form, wenn ein Stirnband die schweren Körbe mit den jungen Reispflanzen stützt. Wie bunte Tupfer leuchten die Mädchen auf den schimmernden Reisfeldern, vor den weißen Marmormauern in den engen Gassen des Dorfes, an den Brunnen und auf den Märkten.

Es sind die Farben der Menschen, der Blüten und der Hausornamente, das Blau des Himmels und der ewige Schnee auf den Gipfeln, das Grün des Sees, das weithin leuchtende Gelb der drei Nadelpagoden aus der Tang-Dynastie, die das Bild von Dali malen und die uns in der Erinnerung bleiben. Noch ist diese reizvolle Gegend nicht für den Massentourismus erschlossen, liegt dieses Paradies zu weit ab von den gängigen Routen der Veranstalter aus dem In- und Ausland. Aber wie lange noch? Schon wirbt auch Dali um Reisende, schon ist von einem Flugplatz die Rede. Noch verirren sich nur wenige Ausländer hierher, trotzdem werden wir nirgends angestarrt, bekommen gastfreundlich Auskunft, hören, daß Dali nicht nur vom Reis lebt, von dem hier eine speziell für Höhenlagen gezüchtete Sorte angebaut wird, daß man nicht nur von Fischen und Marmor prosperiert. Von gleichfalls großer Bedeutung sind die kleinen Industriebetriebe und Werkstätten, der Handel und der Tabakanbau, die Strohflechterei und das Baustoffgewerbe.

Auch hier müssen wir uns auf chinesische Dimensionen einstellen. Was uns zunächst als größere Ortschaft oder als eine Ansammlung von Dörfern anmutet, ist die Hauptstadt des autonomen Bezirkes, und sie erstreckt sich über eineinhalbtausend Quadratkilometer. Rund 400 000 Menschen leben hier, von denen 60 Prozent der Bai-Nationalität angehören, während sich andere Minderheiten und Han-Chinesen in den Rest teilen.

Nach einem opulenten Gastmahl mit frischen Fischen, Joghurtgebäck, Curry-Huhn und feurigem Weißen aus der Marmorkruke, gediegen und farbenfroh die Tafel wie die auftragenden Mädchen, lernen wir eine Spezialität der lokalen Textilfärberei kennen, die sich nur in Dali finden soll und die wir bei den Trachten der Einheimischen schon bemerkt hatten: Auf einem großen Hof werden in lange weiße Bahnen Baumwollstoff Kiesel verschiedener Größe unregelmäßig eingebun-

den. Die Bahnen werden alsdann gründlich in Indigo-Farbe getaucht. Nur in den »Steintaschen« bleibt das Gewebe weiß, so daß eine Art Bindebatik entsteht, auf Stoffen, die jeweils als Unikat gefärbt werden, in dem jeweiligen Muster also nur einmal vorhanden sind.
In anderen Werkstätten beobachten wir die Frauen beim Spinnen und Weben, sehen flinken Händen zu, wie sie Körbe, Matten oder ausladende Strohhüte flechten oder schwere Marmorblöcke zu Tellern und Bechern, Tuschsteinen oder Baustoffen verarbeiten.

Der vergleichsweise Wohlstand der Bai-Nationalität in Yunnan ist nicht, noch nicht typisch für die Minderheiten in China. Ihre Gebiete bleiben insgesamt hinter der Entwicklung anderer Räume zurück. Die Ursachen dafür wurzeln zumeist in der Geschichte wie auch in den Umweltbedingungen. Häufige Völkerwanderungen, eine allemal repressive Politik der Kaiser-Dynastien gegenüber den Minderheiten haben es mit sich gebracht, daß diese zumeist in den entlegenen, schwer zugänglichen Grenzregionen siedelten. Hier sind die Felsen schroffer, die Steppen weiter, ist das Eis dicker, sind die Wüsten sandiger, hier ist das Leben härter als im Landesinneren oder an der fruchtbaren Küste. Topographie und Klima haben die Herausbildung einer Infrastruktur behindert, haben die Volksbildung niedrig gehalten, denn in Bergregionen oder Steppengebieten, wo Siedlungen oft Hunderte Kilometer auseinander liegen und oft noch nomadisiert wird, ist der regelmäßige Schulbesuch ein Problem auch dann, wenn genügend Mittel dafür bereitgestellt werden. Damit sind die Grundlagen für die sozialökonomische Entwicklung schwach. Sie fehlen zuweilen ganz, wenn beispielsweise bis in die jüngste Zeit mancherorts sogar noch die Brandrodung üblich war, wenn mitunter die Überwindung der Leibeigenschaft nur wenige Jahre her ist.

Hinzu kommen religiös-abergläubische Vorstellungen, traditionell gegen den Fortschritt gerichtete Verhaltensweisen, die nur langsam und ausschließlich durch Erziehung, nicht auf verheerende Weise durch Zwang wie während der »Kulturrevolution«, überwunden werden müssen.

Es gehört zu den wenig bekannten Phänomenen Chinas, daß nur ein sehr geringer Teil seiner Bevölkerung – zumeist eben Angehörige nationaler Minderheiten – mehr als die Hälfte seines Territoriums bewohnt. Die Volksrepublik hat fünf autonome Gebiete, die Provinzen entsprechen, zumeist aber erheblich größer sind, hat 31 autonome Bezirke oder Präfekturen und 80 autonome Kreise oder Banner. Diese insgesamt 116 Gebiete oder Verwaltungseinheiten mit nationaler Autonomie bedecken mehr als sechs Millionen Quadratkilometer, also über 60 Prozent des chinesischen Territoriums. Dort siedeln vier Fünftel der gesamten Minderheitenbevölkerung, die bei der letzten Volkszählung von 1982 mit 67 Millionen beziffert wurde. Als diese Gebiete befreit wurden, betrug die damals landesweit ohnehin niedrige Lebenserwartung hier weniger als 30 Jahre. Der Großteil der damals 35 Millionen zählenden Minderheiten kannte keine Schulen, keine medizinische Betreuung und lebte in tiefem Feudalismus mit Leibeigenschaft, mitunter auch noch in der Sklaverei. Erst das sozialistische China wurde zur Heimat für die ganze Völkerfamilie, in der alle Nationalitäten gleichberechtigt sind; erst in den fünfziger Jahren wurde damit

begonnen, das »andere China« zu erschließen und sozial wie wirtschaftlich an den Rest des Landes heranzuführen.

Gewaltiges ist seither geschehen. Bei allen Rückschlägen und Fehlentscheidungen, zu denen die »Kulturrevolution« und andere abenteuerliche Kampagnen geführt hatten: Bis zur letzten Volkszählung hatte sich die Bevölkerung der Minderheiten verdoppelt. Systematisch wurden die rückständigen Gebiete gefördert und erschlossen. Den Menschen am Rande des Landes wurden Schulen und Krankenhäuser gebaut, Wohnungen und Straßen, denn auch das ist eines der vielen Phänomene dieses Landes, daß die Minderheitengebiete potentiell die reichsten in China sind. Hier befinden sich enorme Reserven an Wasserkraft. Alle fünf großen Viehzuchtgebiete der Volksrepublik befinden sich hier, ein Drittel aller Waldflächen. In diesen Gebieten lagern unermeßliche Schätze an Kohle, Erz, Erdöl, Buntmetallen und Seltenen Erden. Minderheitenregionen wie die Innere Mongolei und Ningxia sind bedeutende Anbauzentren für Weizen, Mais und Hirse. Das autonome Gebiet der Zhuang-Nationalität Guangxi produziert große Mengen Reis, Zuckerrohr und Süßkartoffeln. Die meiste Baumwolle kommt aus Xinjiang, wo die Uiguren zu Hause sind, und Minderheiten auf der Tropeninsel Hainan zapfen Kautschuk, pflücken Kaffee und Südfrüchte.

Wir haben die Pilger in Lhasa und die moslemischen Hui in der Moschee von Peking beobachtet. Haben uns in den Dörfern der Li auf Hainan umgeschaut und sind in Guilin den Zhuang und den Miao begegnet, sind auf Angehörige vieler Völkerschaften gestoßen, wohin wir kamen. In Yunnan haben wir im Steinwald den Yi und ihren Brauttänzen zugesehen und in Dali den buntgewandeten Bai-Mädchen beim Reispflanzen. Allein in Yunnan leben 24 Minderheiten, und im Institut für Nationale Minderheiten in Kunming sind sogar noch mehr vertreten.

Während wir uns mit dem Direktor der Einrichtung unterhalten, die eine Leitfunktion für ganz Südwestchina einnimmt, kommen sie herein, immer paarweise, gekleidet in die Nationaltracht, mit dem Kopfputz und dem Schmuck ihres Volkes, die Yi und Bai, Hani und Zhuang, Dai und Miao, Lisu und Lahu, Wa und Naxi, Tibeter, Bulang, Yao und andere, die das Völkergemisch Chinas ausmachen.

Ein Drittel der Bevölkerung der Provinz gehört Minderheiten an, zehn Millionen Menschen mit eigener Kultur, eigener Sprache, oft auch eigener Schrift, mit eigenen Tänzen, mit den aufgeschriebenen oder mündlich überlieferten Mythen, Märchen, Sagen und Legenden, mit unterschiedlichen Bräuchen und Festen, fremdartigen Lebensformen.

In der parkähnlichen weitläufigen Anlage der Lehrstätte werden rund 4000 Studenten unterrichtet. Nahezu alle sind aus Minderheitenregionen gekommen, und da die wenigen Han-Chinesen in dieser Umgebung schon auffallen, darf man sie hier getrost auch als Minderheit bezeichnen. An neun Fakultäten werden Kader für die Minderheitengebiete ausgebildet. Andere Kurse bereiten die Teilnehmer auf den Besuch von Hochschulen und Universitäten vor. Unterrichtet wird jeweils in der Nationalsprache und in Chinesisch.

Seit 1984, erzählt uns der Direktor, ist das neue Gesetz über die Nationale Autonomie in Kraft. Es schreibt die seit der Befreiung garantierte Gleichberechtigung wie auch die gezielte Förderung der Nicht-Han-Bevölkerung fort und fixiert sehr konkret den Charakter und die Vollmachten der autonomen Selbstverwaltungsorgane. So stoßen wir auf ein weiteres Phänomen: Für mehr als die Hälfte des chinesischen Territoriums gelten Sondergesetze und Extrabestimmungen, die im Rahmen der Landesverfassung speziell auf die jeweilige Minderheit zugeschnitten sind. Je kleiner sie ist – die Hezhe im Hohen Norden sind mit etwa 2000 Menschen die kleinste, die Zhuang im Süden mit 13 Millionen die größte, und fünfzehn Minderheiten haben mehr als eine Million –, um so spezieller, um so großzügiger sind die Sonderbestimmungen, flexibel und tolerant. So entfallen für einige Völker alle Abgaben und Steuern, alle Kosten für Ausbildung und medizinische Betreuung. Die Selbstverwaltungsorgane haben weitgehende Verfügungsrechte über die lokalen Finanzen, sind autonom bei wirtschaftlichen Entscheidungen und in der Volksbildung. Insbesondere kleine Minderheiten unterliegen nicht der ansonsten streng gehandhabten Politik der Geburtenkontrolle, den Bestimmungen, die auf die Ehe mit nur einem Kind orientieren, so daß sie rascher wachsen als die Han-Chinesen. Die Religionsfreiheit ist absolut, und nur da, wo Überreste schamanistischer Praktiken, menschenfeindliche Bräuche und Kulte überlebt haben, wo Aberglauben zum Hindernis für den Fortschritt wird, setzen behutsam Aufklärung und Erziehung ein.

Nicht unumstritten ist die Praxis, Angehörige von nationalen Minderheiten bei der Aufnahme in Hoch- und Fachschulen zu begünstigen, durch Zusatzstipendien, aber auch, indem ihnen die Schwelle für die Aufnahmeprüfungen niedriger gesetzt wird, weniger Punkte also für die Immatrikulation reichen als für Han-Chinesen.

Da die Arbeits- und Lebensbedingungen in manchen Minderheitengebieten noch immer schlechter sind als im Landesinneren, werden auch jenen, die bereit sind, sich hierher zu verpflichten, Sonderbedingungen gewährt, wird ihnen bevorzugt Wohnraum und ein höheres Einkommen geboten. Immer mehr aber sehen Studenten an den großen Universitäten des Landes die Erschließung dieser Räume auch als Herausforderung an, immer mehr melden sich freiwillig und ohne Privilegien für den »Wilden Westen Chinas«, zumeist auf Zeit. Harte Arbeit und Entbehrungen bei oft schwierigen klimatischen Bedingungen erwarten sie, und in den Steppen von Xinjiang oder im Hochland von Tibet müssen sie ohne Kino und Disko auskommen, sind Teehäuser und Modebasar kaum anzutreffen. Dafür sind hier aber noch Abenteuer und Exotik zu haben, reine Luft und die Weite der Natur, die in den Straßen von Shanghai oder Kanton schon vergessen schienen. Für viele Jugendliche wird diese Aufgabe, die Hinwendung zur eigenen Nationalkultur durch Arbeit auf einsamen Posten, zu der ja die Han-Geschichte ebenso gehört wie die der anderen Völker, zu einem neuen Aufbruch zu sich selbst. Die heute Dreißigjährigen waren in den Wirren der von ultralinker Dogmatik gezeichneten »Kulturrevolution« Kinder, gehören einer Generation an, die aus der Sicht von heute um viele Hoffnungen betrogen wurde. Nicht alle finden Arbeit in den Ballungsgebieten entlang der Küste. Manchen wird darum die Steppe, das verschneite Hochland oder der Urwalddschungel neue Heimat. Ihnen gerät der Einsatz unter Extrembedingungen zum Maßstab der Bewährung, zu neuer, vielleicht auch der ersten Selbstbestätigung in einem Umfeld, wo gelegentlich noch Feudalismus, fast immer aber Rückständigkeit und Sozialismusanspruch aufeinander treffen. Hier steht der Farbfernseher in der Jurte und der Computer mit chinesischer Textverarbeitung in der schlechtbeheizten Fertigbaracke.

Ihnen wie uns mag das Leben unter Minderheiten fremd wie reizvoll gleichermaßen erscheinen, voller Überraschungen und Aha-Erlebnisse. Denn auch dies sind Eindrücke, die wir mitnehmen: Der Tibeter ist in den Gassen von Kanton ebenso fremd wie der Shanghaier unter den Viehzüchtern von Xinjiang. Den Holzfäller aus dem nordöstlichen Heilongjiang muten die Kanäle und Gärten von Suzhou genau so exotisch an, wie sich der Mann von der Kautschukplantage auf Hainan fremd fühlt am Rande der Wüste Taklimakan. Im Sheraton-Hotel von Peking oder im Shanghaier Hilton fällt ein graziles Dai-Mädchen aus den Pfahldörfern des südlichen Xishuangbanna mehr auf als ein Schwarzer, und der Schafhirte aus der Inneren Mongolei wird in Ningbo an der Küste genauso wenig verstanden wie der Reisende aus Fujian in Xi'an. Ebenso stark wie sich die Völkerschaften von den Han-Chinesen unterscheiden, heben sie sich voneinander ab, vergleichbar etwa den Unterschieden, wie wir sie zwischen Nord- und Südeuropa in unserem Kulturkreis empfinden.

Die Unterschiede werden bleiben, das Leben aber bessert sich für alle, vielleicht am grundlegensten für die, die immer benachteiligt waren. Einige Mosaiksteine: An der Schwelle zur letzten Dekade des Jahrhunderts ist China dabei, erstmals die klassischen Meisterwerke der Minderheitenliteratur ins Chinesische zu übertragen und damit der Mehrheit zugänglich zu machen. Das wohl längste Volksepos der Erde, der »König Gesar« aus Tibet, gehören ebenso dazu wie die »Gedenk-Zeremonien Dschingis-Khans« aus dem Mongolischen und die historischen Aufzeichnungen aus den Mandschu-Archiven der Qing-Dynastie. Rund 700 solcher klassischen Texte werden verlegt. Es werden Tempel, Pagoden und Klöster ebenso restauriert wie Kult- und Kulturstätten der Minderheiten. Fast vergessene Feste werden wiederbelebt. Die Minderheitensprachen werden in der Lexik und Grammatik systematisiert, teilweise schon, wie das Uigurische, computerisiert. Theaterstücke und Gesänge, die Instrumentalmusik und die Kampfspiele der vielen Völkerschaften erleben eine Renaissance.

In Yunnan sind wir, wie in anderen Landesteilen, Zeugen des raschen Fortschritts auf dem Wege zur Modernisierung geworden. Wir haben Betriebe und Schulen gesehen, haben uns im zentralen Krankenhaus für chinesische Medizin mit der traditionellen Heilkunde vertraut gemacht, haben uns an den Fischerbooten auf dem Dian-See bei Kunming erfreut und die bizarren Massive des Steinwaldes bewundert. Mit uns aus diesem Teil Chinas aber nehmen wir das Lächeln in den Gesichtern der Menschen der vielen Völkerschaften, denen wir begegnet sind, eins in der großen Völkerfamilie und auf dem Wege in eine bessere Zeit, in die sie ihre Kultur und ihre Traditionen einbringen – südlich der Wolken.

Lange hatten wir darauf gewartet, hatten uns gefreut, nachgelesen über das sagenumwobene Shangrila, das legendenverklärte Dach der Welt. Was Wunder, daß wir trotz der Tausende Kilometer, die wir bereits hinter uns hatten in China, auf diesen Abstecher besonders gespannt waren. Tibet, das fühlten wir, würde zu einem Höhepunkt der Reise werden, auch im buchstäblichen Sinne, viel höher kann man nicht hinaus. Immerhin liegt der Großteil des autonomen Gebietes, das doppelt so groß wie Frankreich ist oder elfmal so groß wie die DDR, im Durchschnitt mehr als 4000 Meter über dem Meeresspiegel. So will uns die Vorstellung, daß das Qinghai-Tibet-Plateau vor Millionen Jahren wasserbedeckt war, nicht recht gelingen, als wir nach dem Start von Chengdu in Sichuan hinausblicken aus der leise surrenden Boeing, die uns allzu bequem über die schneebedeckten Gipfel bizarrer Bergmassive trägt, von denen viele über 5000 Meter hoch aufragen. Drunten auf der Erde dauert der LKW-Treck über diese Distanz immer noch eine gute Woche.

Ob wir denn auch den Himalaja sehen können, fragen wir die Stewardeß, als sie uns grünen Tee und Sesamkekse anbietet. Nicht direkt, meint sie, der liege ja noch einige hundert Kilometer abseits der Fluglinie, aber da ganz hinten am Horizont, wo die weißen Zacken besonders eckig drohen und das Wolkenmeer durchstoßen, das könnten schon seine Ausläufer sein. Also stellen wir uns das Gebirge mit der welthöchsten Erhebung irgendwo linkerhand vor und sind auch von einigen Sechstausendern genügend beeindruckt, die sich vor dem azurblauen Himmel ausnehmen wie unregelmäßige riesige Eiskristalle.

Im heißen Sichuan hatten wir uns auf die Kühle des Hochlandes gefreut, und in der Tat ist das Klima frischer, als wir ankommen auf dem Flugplatz von Lhasa, der rund einhundert Kilometer vor der Stadt in einem engen Tal liegt und nicht zu den Lieblingszielen der Piloten zählt. Nichts von dem üblichen Benzingestank oder der aufgekratzten Hektik der großen Flughäfen. Unsere ist die einzige Maschine, die heute landet. Jeder sucht seinen Bus, sein Taxi oder einen Jeep, der ihn in einer guten Fahrtstunde in die Stadt bringen wird.

Uns wird wie überall ein freundlicher Einheimischer beigegeben, ein Tibeter, der Chinesisch kann, was hier ja fast eine Fremdsprache ist. Nach kurzer Strecke schon bitten wir um den ersten Stopp, das Dorf da, die Häuser mit den bunten Fähnchen, das müssen wir unbedingt . . . Das würden wir alles noch viel besser bekommen, meint der Begleiter nachsichtig, läßt aber verständnisvoll halten. Man hatte uns gewarnt in Peking und in Sichuan. Seid vorsichtig, am Anfang nicht übernehmen, geht Tibet langsam an. Wir hatten halbherzig zugehört und bekommen dafür rasch die Quittung. Fünfzig Schritte mit schwerer Fototasche belehren uns, wo wir sind. Es gibt in ganz Tibet keine Eisenbahn, keine Schwerindustrie, keine Chemiegiganten, keine autoverstopften Straßen. Also atmen wir die beste Luft der Welt, zugleich aber die dünnste. Nur 60 Prozent des üblichen Sauerstoffs haben wir zur Verfügung. Das Wasser kocht bei 80 Grad Celsius, Mensch und Motor haben in dieser Höhe mehr zu leisten. Atemnot und Kopfschmerzen bekommen fast alle, die neu hier ankommen.

Wir beginnen so gründlich zu japsen, daß wir uns vornehmen, guten Rat künftig besser zu beachten, langsam zu gehen, gemächlich zu steigen, ohne Hast zu fotografieren, zu sprechen, wie schwer dies auch fällt bei der Fülle der Bilder, Farben und Fragen. Als wir wieder am Auto anlangen, ist es von Kindern aller Altersklassen umringt, nur die Säuglinge fehlen. So oft halten hier keine Fahrzeuge mit kamerabewaffneten Exoten aus einer anderen Welt, die sich für etwas so Alltägliches interessieren wie Berge und Wohnhäuser in winzigen Dörfern. Wir werden also ebenso ungläubig bestaunt wie unsere Ausrüstung, und schüchtern streckt sich schon einmal eine kleine Hand vor, um die Langnasen mit den großen Augen zu betasten und handgreiflich zu untersuchen, ob das alles echt ist. Sie bleiben, auch als wir die Objektive auf sie richten, lächeln, ohne zu posieren oder Faxen zu machen, liebenswerte Rotznasen allesamt, mit verfilzten Haaren, nicht eben die Hygiene in Person, aber kerngesund und mit prächtigen Zähnen. Ein bißchen Enttäuschung dann, daß wir die Bilder nicht gleich aus dem Apparat ziehen, aber ein Blick durch den Sucher auf die anderen entschädigt sie dafür.

Die Fahrt vergeht wie im Fluge, immer am Yarlong Zangpo entlang, der sich später nach Indien davonmacht, wo er Brahmaputra heißt und in den Ganges mündet. In der transparenten Luft scheint alles zum Greifen nah. Sie ist kühl und doch auch warm. Offenbar auch für die Einheimischen, denn am Ufer liegen nackte Jungen in der Sonne, während andere in Pelzen oder Filzkitteln daneben hocken.

In Lhasa wollen wir am liebsten sofort zum Stadtbummel aufbrechen. Aber eingedenk der Ermahnungen und erster eigener Erfahrungen mit kurzem Atem sind wir lernfreudig und lassen uns gehorsam im Hotel abliefern mit der wohlgemeinten Maßgabe, »mindestens« heute im Zimmer zu bleiben, in der Nähe der Sauerstoffflasche, die an jedem Bett steht. Zur Sicherheit, sagt man uns. Es kommt immer wieder vor, daß sich Besucher, Chinesen wie auch Ausländer, zuviel zumuten, in Atemnot geraten, mit dem Höhenkoller zu tun bekommen. Manche müßten sogar zurückgeflogen werden, gelegentlich gebe es Todesfälle, und untersuchen lassen sollte man sich ohnehin vor der Tour, der Blutdruck und der Kreislauf müssen in Ordnung sein.

Wir kommen ohne die Sauerstoffflasche aus und unser stets kettenrauchender Begleiter aus Peking überraschenderweise auch ohne seine Zigaretten.

Am Morgen des zweiten Tages. Wir haben uns in die Altstadt aufgemacht, zum ältesten und berühmtesten Tempel in Lhasa und einem der tibetischen Heiligtümer überhaupt, sind zur Stelle noch ehe die Sonne aufgeht. Tut sie dies bei Buddhatempeln anderswo zumeist rechts vom Tor, da der Zugang immer vom Süden erfolgt, so steigt der Feuerball hier hinter dem Tempel hoch, der diesmal entlang einer Ost-West-Achse errichtet ist. So liegt das Haupttor des Jokhang-Klosters noch im Schatten. Und doch, welche Farben schon um diese Tageszeit. Da sind die vom Wetter dunkel gegerbten Gesichter der Tibeter, die in ihre langen strähnigen Haare oft rote Wolle geflochten haben, auch die Männer. Farbenfreudig und abwechslungsreich leuchten die Gewänder der Pilger, die sich noch früher zum heiligen Tempel aufgemacht haben, um ihrem Glauben, dem Lamaismus, der tibetisch-mongolischen Richtung des Buddhismus, Reverenz zu erweisen. Strenggläubige haben die Strecke zum Kloster mit ihrem Körper »ausgemessen«. San bu yi bai heißt das auf Chinesisch, drei Schritte – ein Gebet. Der Pilger läuft drei Schritte, wobei er die 108 Perlen – wieder durch die Neun teilbar – seines Rosenkranzes dreht und betet, wirft sich sodann der Länge nach zu Boden, so daß auch die Stirn den Staub der Erde berührt. Oft hat er Lederflecken oder Brettchen an Knien und Händen, denn er legt auf diese unbequeme Weise Dutzende, mitunter auch Hunderte Kilometer zurück, umrundet auch dreimal den Tempel oder den Potala-Palast droben auf dem Felsen. Wo er abends aufgehört hat, setzt er morgens seinen Weg fort, wirft sich zu Boden, steht auf und betet, geht drei Schritte, wirft sich zu Boden . . .

Vor dem Jokhang-Kloster liegen sie zum letzten Mal auf der Erde, die hier mit Lattenrosten und Matten bedeckt ist. Auf dem Tempelvorplatz in der Altstadt von Lhasa haben sie zuvor Wacholderzweige und andere Duftkräuter oder Gerstenstroh in den qualmenden Opferofen geworfen, haben Weihrauch entzündet und mit der Stirn die Mauer, geweihte Steine berührt. Sie haben die beiden meterhohen Gebetstrommeln linkerhand in Bewegung gesetzt, die tagsüber nie zum Stillstand kommen und die ebenso glückbringend sind wie die Gebetsmühlen, die sie in der Hand tragen und immer im Uhrzeigersinn um den Schaft kreisen lassen, ohne Unterlaß. Diese bestehen aus Kupfer, Messing oder Silber, aus Leder und Holz und bergen die eingerollten Papierstreifen mit den Mantras, den heiligen Schriften der lamaistischen Lehre. Jede Drehung der Trommeln, die zu Dutzenden die Galerien des Tempelkomplexes säumen, jede Rotation der handlichen Gebetsmühlen, die mit den Schriftzeichen und Symbolen des Glaubens verziert sind, kommt dem Hersagen des ganzen darin eingeschlossenen Gebetes gleich.

Gestalten machen wir aus, die vergangenen Jahrhunderten entstiegen scheinen und biblisch anmuten, wenngleich wir es ja mit Buddhismus zu tun haben und nicht mit dem Christentum. Die Frauen tragen oft weiße Blusen, von denen das Obergewand nur den Kragen frei läßt. Dieses ist mit farbig gestreiften Schärpen umgürtet. Darüber sind Schürzen aus gestreiftem Wollstoff gebunden, aufwendig mit Stickereien verziert. In die langen, offen getragenen Haare sind Türkise oder Bernstein, Korallen und Silberornamente geflochten, bunte Bänder oder Messingschmuck. Die Füße stekken in Stiefeln aus Filz oder Leder, auch in brokatdurchwirkten Schuhen. Die Männer tragen über den Hosen gleichfalls bestickte Schärpen, sind in Umhänge aus Wolle gewickelt, die die rechte Schulter und den Arm bloß lassen, auch im Winter, während der linke Ärmel so lang ist, daß er fast auf dem Boden schleift. Bunt auch die bestickten Filzkäppis, die bei Kälte spitzen Fuchspelzmützen mit langen Ohrenklappen weichen. Auch in der glühenden Mittagssonne, deren ultraviolette Strahlen wegen der dünnen Ozonschicht viel intensiver die Haut verbrennen, treffen wir Männer in dicken Fellen an. Sie mögen aus den Schneebergen des ewigen Frostes kommen und tragen ihre Pelze auch auf nackter Haut.

Nicht alle sind Tibeter, sagt man uns. Manche gehören den Lhoba, Monba, Naxi oder Nu an, Minderheiten in Tibet, die eigene autonome Ortschaften bewohnen. Dazu kommen Han-Chinesen und Angehörige der moslemischen Hui-Nationalität, vereinzelt auch ausländische Touristen, die nur zum Schauen kommen. Eingeweihte erkennen an der Haartracht, am Gewand und am Schmuck, woher die Pilger stammen, an der Art auch, wie der Dolch getragen wird, der selten fehlt.

Auffällig sind die vielen Lamas. Mit ihren glattrasierten Schädeln, den ziegelfarbenen Kutten und den Sandalen an den bloßen Füßen sind sie unverkennbar. Auch bei ihnen bleibt die rechte Schulter unbedeckt. Gebetstrommeln lassen bei den Lamas nur die niederen Ränge kreisen. Der monotone Singsang, in dem sie ihre Sutren rezitieren, bleibt uns unverständlich, es ist darin, ebenso wie auf den Inschriften der aufgehäuften Steine am Wegesrand, vom Om mani padme hum die Rede, vom Kleinod in der Lotosblume, in der ja Sakyamuni, der Erhabene, geboren wurde.

Sie alle haben Lämpchen mit zerlassener Yak-Butter bei sich, vielfach auch frisches Wasser und Gerstenfladen. Damit betreten sie endlich das Heilige Kloster, gießen die Butter in die zahllosen Messingschälchen mit den Dochten aus dicker Wolle, füllen in andere Gefäße reines Opferwasser. Sie hinterlegen ihre Opfergaben, Gerstenbrot vielleicht oder Joghurtgebäck, Münzen und Geldscheine.

Wir mischen uns unter die Pilger. Blitzen sollen wir nicht. Die düster-andächtige Stille, die hier herrscht, verträgt kein grelles Licht und keine lauten Töne, sind wir doch im wichtigsten Reliquienschrein der lamaistischen Glaubenslehre. Im Sanktuarium finden wir die vergoldete Statue des Sakyamuni, des Großen Buddha, den die Tang-Prinzessin Wen Cheng nach Tibet gebracht hat und für den der Tempel errichtet wurde. Vor rund 1350 Jahren, erzählt die Legende, hat nämlich König Srong-btsan Sgam-po die Hauptstadt des Reiches auf dem Hochland nach Lhasa verlegt und die vielen miteinander befehdeten Stämme des Tufan-Reiches vereinigt.

Mehrmals bereits hatte er auch Gesandte an den chinesischen Hof nach Chang'an, dem heutigen Xi'an, geschickt, um sich eine Prinzessin zu erbitten. Als er schließlich seinen Kanzler entsandte, stellte diesem der Tang-Kaiser schwere, kaum lösbare Aufgaben als Bedingung, erzählt die Legende. Zieht einen Seidenfaden durch das neunmal gewundene Loch dieser Perle, verlangte der Monarch. Der Abgesandte band einer winzigen Ameise ein Roßhaar um die Taille und schickte sie auf den Weg. Als das Tierchen auf der anderen Seite mit dem Haar wieder zum Vorschein kam, knüpfte er den Seidenfaden daran und hatte sich so bald seiner Aufgabe entledigt. Nicht zufrieden damit, zeigte ihm der Kaiser eine Herde von hundert Stuten mit ihren Fohlen. Sagt mir, welches Fohlen zu welchem Muttertier gehört, verlangte der Despot. Aber auch damit hatte der Sohn des tibetischen Hochlandes keine Schwierigkeiten. Er trennte die Muttertiere von den Fohlen und entzog diesen für einen Tag jegliches Futter. Als die ausgehungerten Fohlen tags darauf zu ihren Müttern liefen, hatte er gewonnen . . .

Die schöne und kluge Prinzessin Wen Cheng finden wir im Jokhang-Tempel zur Rechten des Tufan-Königs, während er die gleichfalls hübsche nepalesische Prinzessin Bhrikuti zur Linken hat. Auf diese Allianzen gehen die ersten Einflüsse Chinas und Nepals oder Indiens auf Tibet zurück. Die Tang-Prinzessin bringt nicht

172 nur ihre Anmut und Klugheit ein, sondern mit ihrem Gefolge auch das Wissen darum, wie man das Land bestellt, Fäden verwebt, Papier herstellt und Wein vergärt, wie man den Kalender berechnet und Krankheiten heilt. Die erste Kunde von Bewässerungssystemen, von einheitlichen Maßen und Gewichten kommt in die tibetischen Berge. Aus Nepal gesellen sich Elemente der Schrift und des Hausbaus dazu. Beide Prinzessinnen bringen den Buddhismus auf das Hochland.

Der Dreiergruppe gilt die Verehrung der Pilger ebenso wie dem Großen Erhabenen, seinen Schülern und den unzähligen Schriften, Statuen, Reliquien und Bildern aus der reichen buddhistischen Legende. In den Gängen, Hallen und Nischen des Klosters hängen die ölgemalten und in Seidenbrokat eingefaßten Tangkhas, Tempelgehänge, mit den Symbolen und Figuren der Lehre. Die Lotosblüte mit dem Erhabenen im Schneidersitz kehrt immer wieder. Häufig sind Abschnitte aus seinem Leben auf den verschiedenen Stufen zur Erleuchtung dargestellt, Buddha als Lehrer und Verkünder, der Glück und Frieden bringt für alle. Er predigte eine Lebensform, eine Lehre, die im Gegensatz zu allen anderen Weltreligionen unblutig und gewaltlos verkündigt wurde, um die nie Kriege geführt wurden. Güte und Toleranz strahlen sie aus, die vergoldeten Statuen und Statuetten des Gautama mit seinem fröhlichen Dickbauch, dem stillen Lächeln im breiten Gesicht mit den lang herabhängenden Ohren . . .

Weihrauch und ranzige Butter, die ausgetretenen schwarzen Steine und die alten Seidenstoffe, die angestaubten Schriften, Gerstenfladen, verbrannte Kräuter, Hammelfett, der Tran der Ewigen Lampen und die Ausdünstungen der vielen Pilger verdichten sich zu einem Geruchsgemisch, das uns noch Tage anhaftet. Die winzigen flackernden Öllämpchen, Schimmer von Gold und Brokat, Laien und Lamas, die ihre Mantras murmeln, die andächtig staunenden Mienen der Menschen, die vielleicht das erste Mal herabgestiegen sind von ihren Bergen, die ihre Herden und Hütten, die Familien und die Nomadenzelte zurückgelassen haben, um hier zu beten, der Reichtum der Tempelgemächer und der versteckten Nischen, die Seidenbehänge und die gefüllten Opferschalen, die Schemen von im Gebet gebeugten Rücken und die großen Kinderaugen im düftegeschwängerten Halbdunkel – all das schafft eine Stimmung der Andacht und des Friedens, atmet Erhabenheit und stille Sammlung, wie sie nur buddhistischen Klöstern eigen ist. Schwer ist diese Atmosphäre in Worte zu fassen, schwer sind die Farben und Formen ins Bild zu bringen.

Geblendet tauchen wir wieder auf aus den Klosterhallen, blinzeln in die Sonne, die nun auch den Tempelvorplatz bescheint und die Gewänder der Pilger und der Lamas zum Leuchten bringt. Lebendiger geht es inzwischen hier zu. Eine Gruppe ziegelrot gewandeter Lamas hat sich im Lotossitz kreisförmig gruppiert, rezitiert Sutren und dreht unablässig aus dem Handgelenk die Gebetsmühlen, knapp zehn Jahre der jüngste Novize, um die siebzig der Oberbonze. An der hohen, mit Bändern in den fünf buddhistischen Farben umwickelten Andachtssäule lehnt sitzend ein Weiser, der Teekanne und Weihrauchbecken, Sonnenbrille und Zampa, die allgegenwärtigen Gerstenfladen, um sich ausgebreitet hat und in einem tibetischen Buch liest, selbstversun-

ken, des Treibens um ihn herum wohl kaum gewahr werdend. Es sind lose Blätter, einseitig bedruckt, die er jeweils unter die gelesenen schiebt. Zum Schluß wird der Stapel wieder zwischen zwei harte Deckel gelegt und in Seide eingeschlagen, zum gelben handlichen Paket, wie sie zu Hunderten in den Nischen des Tempels lagern. Dann greift der Greis zum nächsten Band.

Der Opferofen räuchert und qualmt noch intensiver als in der Frühe, und die Schar der Besucher ist bedeutend angewachsen. Manche sind reich gekleidet und schmuckbeladen, andere eher ärmlich und abgerissen, aber hungrig wirkt keiner. Wird da gebettelt? Vereinzelt strecken sich uns Hände entgegen. Aber es ist in dieser vom Barmherzigkeitsgedanken des Buddhismus zutiefst durchdrungenen Umwelt nichts Ehrenrühriges, Almosen von Bessergestellten zu erwarten. Viele von denen, die über weite Strecken hierher gepilgert sind, die Tage und oft Wochen unterwegs waren, sich hier auf Decken niedergelassen haben und zu betteln scheinen, sollen durchaus wohlhabend sein, es ist einfach üblich, auf langen Reisen mit Nahrung versorgt zu werden. Gastlichkeit und religiöse Freigebigkeit werden nicht nur erwartet, sondern auch ohne Aufheben gewährt.

Hier draußen geht es auch wieder lauter und fröhlich zu, hat lärmende Geschäftigkeit die Oberhand gewonnen. Die innere Ringstraße Parkhor rund um das Jokhang-Kloster ist die Arterie der Altstadt von Lhasa. Wir lassen uns hier treiben im exotischsten Marktgeschehen unserer Reisen. Was sich da an Yak-Butter und Konserven, an Trockenmilch und Kofferradios, an Schuhen und dekorativen Textilien, an Taschenrechnern und Konfektion türmt, ist kaum zu überschauen. Gebetsmühlen und Votivtafeln, Schmuck und Tempelgehänge, silberne und kupferne Symbole lamaistischen Brauchtums, die fünffarbigen Gebetsfahnen und das immer wiederkehrende Abbild des Erhabenen auf Seidenbrokat, in Stein oder Messing, geschnitzt in Perlen und Nüsse, dann wieder die vielen Ketten aus Elfenbein und Korallen. Die reich verzierten Dolche und Sättel ziehen uns ebenso in den Bann wie das beeindrukkende Sortiment an Kräutern und Gewürzen, die aus dem Hochland oder aus der benachbarten Provinz Sichuan stammen.

Hinter den Ständen hocken zumeist Tibeter, aber auch Han-Chinesen, fliegende Händler aus Nepal und wohl dieser und jener Schmuggler, der im halbgeöffneten Handteller Reliquien fragwürdiger Provenienz, Goldschmuck oder Erotika sehen läßt. Manches davon ist echt, dann ist die Ausfuhr nicht immer legal, anderes ist Talmi oder gut gelungene Fälschung. Amulette und

Tempelschmuck aber, Teppiche oder heilige Bücher sind legal zu erstehen und schon gar die neuesten Jeansmodelle aus dem chinesischen Süden, aparte Lammfelljacken oder Videokassetten, Modeschmuck im Tibetdesign und Wunderpillen, die für oder gegen alles helfen. Handeln ist nicht verpönt, sondern wird erwartet. Zufrieden sind allemal beide Seiten, und Gewinner bleibt immer der Händler, auch wenn er versichert, daß er dir die Gebetsmühle quasi geschenkt hat und zukünftig wohl am Bettelstab gehen werde.

Die Ringstraße ist gesäumt von tibetischen Häusern. Sie sind zumeist zweistöckig, mit Fluchten, die sich nach oben verjüngen, trutzigen, aber freundlichen kleinen Festungen gleich. Sie sind schlohweiß geschlämmt, und mit den dekorativen weiß-gelb-rot-blau abgesetzten Leinenschärpen über den Fenstern – Symbol für die Reinheit, die Erde, das Feuer und das Wasser – leuchten sie weithin in der glasklaren transparenten Luft von Lhasa, der auch Weihrauch und die qualmenden Kräuter in den Opferöfen nicht viel anzuhaben vermögen.

In den engeren Seitengassen locken billige, spartanische Herbergen und kleinere Läden, die sich auch auf Turnschuhtouristen eingestellt haben und ihre Dienste und Waren in orthographisch suspektem Englisch anpreisen. In winzigen Werkstätten wird emsig gewerkelt, und ebenso winzige Garküchen verführen zu scharfen Nudeln oder Gerstenfladen, zu Joghurtgebäck und Hammelstücken. Alles mundet vortrefflich, auch wenn die Hygiene mitunter ebenso fragwürdig ist wie die Preisgestaltung. Nur an den Tee, der mit ranziger Butter angemacht ist, können wir uns nicht gewöhnen.

Auch am Tage darauf treffen wir auf Pilger und Besucher. Dem Ruf ihres Glaubens oder auch nur der Neugier folgend, wandern sie zum Wahrzeichen von Lhasa, dem wohl auch weltbekannten Symbol von Tibet schlechthin. Mit seinen goldglänzenden Dächern grüßt der Potala-Palast schon von weitem. Der höchstgelegene Palast, Trutzburg, Tempel und Festung in einem, ist das imposanteste Bauwerk Tibets, berühmt geworden durch seine majestätischen Formen und Dimensionen, scheinbar geschmiedet oder herausgewachsen aus den Felsmassiven in der harmonischen Einheit von Natur und Menschenwerk. In atemberaubender Schönheit bietet er sich dar, vor der großartigen Kulisse der schneebedeckten Bergmassive.

Der Legende nach reichen die Anfänge des Potala bis ins siebente Jahrhundert zurück, zu jenem König des Tufan-Reiches Srong-btsan Sgam-po, dem Einiger aller Tibeterstämme. Ruhe und Macht strahlen die Mauern des Weißen Palastes aus, der die Beamten und Laien beherbergte, Majestät und abwehrende Verschlossenheit der aus den weißen Mauern steigende Rote Palast. Ebenso wie das Jokhang-Kloster oder der Pekinger Kaiserpalast ist der Potala während der Zerstörungskampagne gegen »feudalistisches Gedankengut« in der »Kulturrevolution« von Armee-Einheiten vor dem Schleifen und der Plünderung durch die »Roten Garden« geschützt worden. In dem dreizehngeschossigen Palast, Sinnbild der tibetischen Hochkultur und des Lama-Glaubens schlechthin, residierten die Dalai Lamas, lebende Buddhas, die an der Spitze der Gesellschaftspyramide der Macht aus Grundbesitzern, Adligen und den Äbten der großen Klöster standen. Dalai ist

Mongolisch und bedeutet Meer. Lama ist Tibetisch und bedeutet Weisheit. Seit der Titel im Jahre 1578 erstmals von einem mongolischen Khan verliehen wurde, verkörperten die »Meere der Weisheit« die Wahrung und den Erhalt der buddhistischen Hochkultur, die sich im Lamaismus der Gelben Sekte manifestierte. Sie standen aber auch für jene Praktiken finstersten Feudalismus und grausamster Leibeigenschaft, wie sie aus den Erzählungen ehemaliger Leibeigener, aus den Dokumenten und Anschauungsmitteln im Geschichtsmuseum der tibetischen Hauptstadt überaus deutlich werden.

Der Potala, wie wir ihn heute erleben, stammt in seinen Hauptelementen aus dem siebzehnten Jahrhundert, als der China-Kaiser Kangxi 114 Baumeister aus Peking nach Tibet entsandte, wo sie gemeinsam mit einheimischen Meistern den Palast der Dalai Lamas restaurierten, in Teilen neu erbauten und die ihrerseits typisch tibetische Formen und Elemente der Architektur in den chinesischen Norden mitnahmen, wo wir ihnen im Pekinger Lama-Kloster oder auch in der Sommer-Residenzstadt Chengde wiederbegegnen.

Noch immer macht uns die dünne Luft zu schaffen, und so steigen wir die Hunderte Stufen langsam empor, verweilen länger vor dem Roten Palast, so benannt nach der Farbe, mit der die Außenhaut der Fassade getränkt ist: dicht gepreßte und auf Stoß geschnittene Reisigbündel, die im trockenen Klima Tibets ein leichtes und dauerhaftes Baumaterial abgeben, Weichheit und Wärme suggerieren wie ein großer Wandteppich. Hinter den Wänden finden wir Wohn- und Arbeitsräume, auch Stupas – die zuckerhutartigen Grabmale, in denen die Überreste oder auch heilige Reliquien der Dalai Lamas ruhen.

Sagenhaft wie die unumschränkte Macht über die Menschen waren die angehäuften Reichtümer der Gottkönige. Das goldene Gerät, der Schmuck, die kostbaren Wandbehänge und die heiligen Schriften des Lamaismus gehören heute zu den Sehenswürdigkeiten des Potala. Manches bleibt die meiste Zeit verschlossen, kommt nur bei großen Festen ans Tageslicht. Zu den Sehenswürdigkeiten zählt auch das nur gelegentlich geöffnete Kellerlabyrinth unterhalb des Palastes, wo die Gefängnisse und Folterhöhlen für unbotmäßige Leibeigene und niedere Klosterbrüder seit der Befreiung verwaist sind. Die Grube beispielsweise, in der Menschen oft nur für geringfügigste oder auch gar nicht begangene Vergehen lebendigen Leibes aufgefressen wurden – von Skorpionen.

Eindrucksvoll und gewaltig, als Monument der Größe und des Elends der alten Gesellschaft mutet uns der Palast an, gemauerte Geschichte einer uns fremden, oft mystisch verklärten Kultur vergangener Jahrhunderte, deren Glorie und deren Rückständigkeit gleichermaßen hereinreichen in die Gegenwart. Lhasa war bis zur Mitte unseres Jahrhunderts die eigentliche Verbotene Stadt Chinas. Seit wenigen Jahrzehnten erst sind der Potala und der Jokhang-Tempel, das Drepung- und das Sera-Kloster Besuchern zugänglich, offenbaren das hohe künstlerische und handwerkliche Geschick der alten Meister, geben aber auch Einblick in die grausame, unumschränkte Gewaltherrschaft der Oberschicht, die sich weniger die Barmherzigkeit und die gütige allumfassende Menschlichkeit der buddhistischen Lehre zu eigen machte, als vielmehr die Mahnung zum Dulden und Gehorchen für ein besseres Nirwana umfälschte im Interesse der eigenen, durchaus diesseitigen Herrschaftsansprüche. So finden sich im Besitz des letzten Dalai Lama im Potala über 110000 Unzen Gold, fünf Millionen Yuan in Silber, mehr als 20000 Juwelen und über 14000 Kleidungsstücke – nur das, was er nicht mit in sein indisches Exil nehmen konnte. Die absolute Herrschaft des lamaistischen Klerus kannte so unbuddhistische Praktiken wie das Abschneiden der Nase und das Ausreißen der Ohren, das Skalpieren von Frauen, das Abhacken der Hände und das Ausbrennen der Augen nicht als Ausnahme, sondern als Regel für wirkliche oder unterstellte Straftaten von Untergebenen. Barbarische Quälereien wie das Vierteilen, das Zerschneiden der Achillessehne und das Zertrümmern der Kniegelenke gehörten ebenso dazu wie das Einnähen des willkürlich Verurteilten in nasse Felle, die sich beim Trocknen zusammenzogen und das Opfer erstickten. Im Museum von Lhasa finden sich in den Vitrinen die in lamaistischen Klöstern benutzten Trommelschlegel, die aus Schenkelknochen sechzehnjähriger Jungfrauen sein mußten. Ebenso wie die Haut von Kindern, das Menstruationsblut junger Witwen und menschliche Schädel für bestimmte schamanistische Rituale eingetrieben wurden, ist die Praxis überliefert, halbwüchsige Jungen in den Klostermauern lebendig zu begraben, um die Stätte zu »weihen«.

Auch daran denken wir beim Besuch des Potala und der anderen Baudenkmäler der wechselvollen Geschichte Tibets. Und wir denken daran, daß von jenseits der Grenzen, wo der Dalai Lama im Exil lebt und wo grobe Einmischung in chinesische Angelegenheiten praktiziert wird, Stimmen nach einem »unabhängigen Tibet« schreien. Jene, die der Lama-Herrschaft in Tibet das Wort reden, Leibeigenschaft und Folter, die einstige durchschnittliche Lebenserwartung von 30 Jahren, Massenelend und Bettelkinder vergessen machen möchten, wollen den Gott-König wieder auf den Thron heben, wollen Tibet abspalten von China. Diese Region aber, das wird in der frühen Hochkultur wie auch in der detaillierten Geschichtsschreibung der Yüan-Dynastie deutlich, gehörte seit langem zu China. Wir erleben in Lhasa, der Hauptstadt mit ihren 130000 Einwohnern, die nicht leicht errungenen Erfolge einer Politik, mit einer überwiegend buddhistisch gläubigen Bevölkerung den Sozialismus aufzubauen. Von den rund zwei Millionen Menschen, die in Tibet leben, sind 1,7 Millionen Tibeter, von diesen fast alle Buddhisten. Die in die Verfassung der Volksrepublik eingeschriebene kluge, materiell großzügige und politisch tolerante Nationalitätenpolitik hat dazu geführt, die Lebenserwartung in diesem Landesteil nahezu zu verdoppeln. Die schlimmsten Folgen von Armut und Rückständigkeit sind überwunden. Tibet wird schrittweise an das wirtschaftliche und soziale Niveau der übrigen Provinzen herangeführt. Es gab auf diesem Wege Rückschläge, beispielsweise, als in den zehn Jahren »Kulturrevolution« von 1966 bis 1976 zahlreiche Klöster und Kultstätten zerstört und die Normen der Nationalitätenpolitik verletzt wurden, wie dies auch in anderen Landesteilen geschehen ist.

Diese Zeit des Chaos und der Gesetzlosigkeit ist überwunden. Heute wird in Tibet der große Wandel augenscheinlich, der sich im Leben der Hirten und Bauern, der Viehzüchter und Händler, der Arbeiter und der Intelligenz vollzogen hat, ständig weiter vollzieht. Bei alledem ist lamaistisches Brauchtum, entkleidet seines menschenfeindlichen schamanistischen Beiwerks, lebendig wie eh und je. Nach wie vor bestimmen alte Gewohnheiten und Feste, Zeremonien und Gebete den Alltag vieler Tibeter. Daß dies bei manchen Problemen – und der Aberglaube gehört wohl zum hartnäckigsten Erbe – dem Aufbau einer neuen Gesellschaft nicht im Wege steht, ist offenkundig. So wie der Potala und der Jokhang-Tempel bestimmen auch die neue Universität und das moderne Krankenhaus das Stadtbild von Lhasa. Wir besuchen die Mönche im Drepung-Kloster und im Sera-Kloster, schauen aber auch den Leichtathleten in der neuen Sporthalle und den Tänzen anmutiger Mädchen in der Kunsthochschule zu. Wir erfreuen uns an den neuen, im Tibet-Stil errichteten Hotels ebenso wie am alten Sommerpalast Norbulingka, wo manche beten und andere nur spazieren gehen.

Im Sitz der Stadtregierung hören wir, daß rund 250 Klöster restauriert oder wieder eröffnet wurden. Mehr als 14000 Mönche und Nonnen leben darin, 330 sind »lebende Buddhas«. Wir erfahren, daß das Durchschnittseinkommen der Hirten und Bauern 1987 auf 350 Yuan im Jahr gestiegen ist, wenig immer noch, aber 60 Prozent mehr als vor vier Jahren. Der Viehbestand auf den Weiden der Region hat sich mittlerweile auf 25 Millionen Stück vervielfacht. Da, wo es vor 30 Jahren keinerlei Industrie gab, entstanden 250 kleine und mittlere Betriebe, vor allem in den wichtigen Bereichen Leichtindustrie, Bergbau, Wollverarbeitung, Papierherstellung, Nahrungsmittelveredelung und Kunsthandwerk.

Tibet, zum Zeitpunkt der Befreiung ohne eine Autostraße, ist heute mit einem Netz von 21000 Kilometern Straßen überzogen und über vier Allwetter-Chausseen mit Sichuan, Qinghai, Xinjiang und Yunnan verbunden, während regelmäßiger Flugverkehr nach Chengdu, Peking und Shanghai besteht und Kathmandu und Hongkong angeflogen werden.

Eine neue Gesellschaft, das heißt auch, daß über die Hälfte aller Bauern an den Ufern des Yarlung Zangpo in den letzten Jahren neue Häuser bezogen hat, daß die Zahl der Familien, die unterhalb der Armutsgrenze leben, weiter zurückgeht.

Überliefertes wird dabei nicht vergessen. So ist die einstmals abgeschaffte Große Gebetszeremonie von Lhasa seit 1987 wieder eingeführt worden. Im sozialistischen Tibet ist die Religion eine Lebensform, wenngleich Privatsache. Ein Zugeständnis an die Tradition: Noch immer wird die uns barbarisch anmutende »Himmelsbestattung« betrieben. Die Leichen werden vor der Stadt auf Felsen gelegt, das Fleisch wird von den Knochen geschnitten, diese werden zertrümmert und von den Geiern gefressen, die alter Vorstellung nach die Seele der Toten in den Himmel tragen. Vielleicht ist es für Tibeter viel barbarischer, die Toten einzugraben und sich selbst zu überlassen. Vielleicht haben tibetische Ärzte auf diese Weise viel früher mehr über den menschlichen Körper, seine Anatomie und Krankheiten erfahren, haben gerade durch die »Himmelsbestattung« gelernt, Heilmethoden zu praktizieren, die heute in den Krankenhäusern der Region gang und gäbe sind.

Nirgendwo wird die Veränderung in Tibet so deutlich wie in seinen Schulen. Die ließen sich vor der Befreiung an zwei Händen abzählen und unterrichteten ausschließlich die Kinder des Adels. Heute verfügt die Region über drei Hochschulen, knapp einhundert Mittel- und technische Schulen und zweieinhalbtausend Grundschulen mit 148000 Schülern und Studenten. Tausende werden auch in anderen Provinzen ausgebildet.

Seit der Gründung der Autonomen Region im Jahre 1965 gelten Sonderbedingungen für Tibet, die in den letzten Jahren ausgeweitet wurden und weiter gehen als die für andere Minderheiten. So gibt es in Tibet keinerlei Geburtenbeschränkung. Die Region erhält rund 800 Millionen Yuan Zuschüsse im Jahr und braucht keinerlei Abgaben an die Staatskasse zu zahlen. Die Bauern und Hirten sind gleichfalls von Abgaben und Steuern befreit, arbeiten seit dem Beginn der achtziger Jahre im persönlichen Verantwortungssystem und können über ihre Gewinne bei freien Preisen voll verfügen. Alles Vieh, die Landmaschinen und Werkzeuge sind in privater Hand.

Ausgewählte Provinzen und Städte wie Sichuan, Guangdong, Zhejiang und Shanghai haben Dutzende Schwerpunktprojekte in Lhasa und anderen Gebieten errichtet, darunter ein Wasserleitungs- und Kanalisationssystem, das neue Nationaltheater, das moderne Krankenhaus, Verarbeitungsfabriken, Werkstätten und Hotels, die Universität und funktionstüchtige Pilotanlagen für die Gewinnung von geothermischer und Sonnenenergie, die einzig sind in China. Das Potential ist riesig, denn Tibet verfügt nicht nur über zahlreiche Bodenschätze in großen Mengen, sondern auch über ein Drittel der potentiellen Wasserenergie des ganzen Landes. Bei den Vorkommen und in der Nutzung von Erdwärmequellen liegt die Region an erster Stelle, und mit rund 3000 Stunden Sonne im Jahr bleibt Tibet nur hinter der Sahara zurück und besitzt die meisten Anlagen zur Umwandlung von Solarenergie in China.

Das Glücksrad und die Lotosblüte, die Gebetsmühle und der Opferofen, die Gebetsfahnen und die Stupas, die Muschel und das Swastika, die ganze Fülle lamaistischer Symbole wird noch anzutreffen sein in Tibet. Der Potala-Palast und die vielen Klöster werden Magnet bleiben für Gläubige und für immer mehr Besucher. Zugleich aber hat in Tibet, auf der gefrorenen Hochwüste, die Neuzeit längst begonnen, mit all ihrem Fortschritt, mit neuen Problemen auch, beides im Umfeld einer lebendigen lebensbejahenden buddhistischen Tradition. So sind wir, als wir uns zum letzten Mal den weißen Musselinschal umlegen lassen, mit dem man den Gast ehrt, und uns nun von Tibet und seinen Menschen verabschieden, immer noch etwas außer Atem: von der dünnen Luft, von dem Geschauten in Klöstern und Palästen und vom raschen großen Wandel.

Die Stadt wird früh wach hier unten, im tiefen Süden Chinas. Die ersten Taxis und Busse scheppern schon vor sechs Uhr durch die klammen Straßen und hupen ebenso ungehemmt wie nutzlos in den Morgen. Wie so häufig ist es diesig, und schon bald beginnt es zu regnen. Regen scheint ein Dauerzustand zu sein in Kanton, selbst wenn er einmal aufhört. Dann zieht die heiße Tropensonne das Wasser wieder aus der Erde, es dampft in den Straßen und regnet gewissermaßen nach oben. Das hindert die Frühaufsteher nicht, zu ihrer geliebten Garküche zu trotten, von denen es Tausende hier gibt, bei »steigender Tendenz«. Man bestellt schwarzen Tee und kleine Bambusdämpfer voll dianxin, was eigentlich Kuchen heißt, hier in Kanton aber dimsum gesprochen wird und kleine, in Teigtaschen eingewickelte Leckerbissen meint. Durchgedrehtes Fleisch oder Garnelen, Gemüse, Krebsfleisch und Reis, all das schmeckt schon am frühen Morgen, ist delikat gewürzt, aber niemals scharf.

Inmitten von klappernden Töpfen und Tiegeln, Tellern und Kellen hält man seinen Schwatz mit dem Nachbarn schon bevor der Tag recht beginnt. Einen Schwatz in raschem singenden Kantonesisch, gegen das kein Nordchinese ankommt. Man sitzt im Freien, aber unter Kolonnaden wie überall im südlichen China und in Südostasien, so daß man gegen den Nieselregen und die sengende Sonne geschützt ist. Im Freien haben auch viele die Nacht verbracht, auf Pritschen aus Bambus, die sie der feuchten Hitze wegen aus ihrer engen, zur Straße hin offenen Behausung hinausgestellt haben, und von denen nur tagsüber die Moskitonetze abgenommen werden. Behausungen, das sind oft auch Geschäfte oder kleine Werkstätten, denn wie überall in den Großstädten ist nichts so rar wie Platz; Läden und Werkstätten aber scheint es mehr zu geben als anderswo. Allerorten wird geflochten und gezimmert, gehämmert und gesägt, gedrechselt und genäht. Allein was aus Bambus gefertigt wird, ist erstaunenswert. Zehnstökkige Hochhäuser sind hier oft mit Bambus eingerüstet. Tragestangen und Matten, Dämpfer und Kellen, Hüte und Becher, Möbel und Leitern entstehen aus dem leichten, billigen und dauerhaften Material, dem weder die Sonne, noch der Regen etwas anhaben kann. Zur Körperpflege gibt es nicht nur den Bambuskamm, sondern auch den Arm mit der angeschnitzten Hand aus Bambus zum Rückenkratzen und winzige Löffel zum Ausräumen der Ohren.

In einer feineren Gegend, gegenüber vom Messegelände, wo sich das imposante China-Hotel neben dem Ostwind-Hotel in den Himmel reckt und der Bahnhof nicht weit ist, haben die fliegenden Händler begonnen, Blue Jeans und modische Jacken an Leinen zu klammern, alles original, oder doch fast original »made in Hongkong«. Textilien im letzten Design, Papaya-Früchte und Ananas aus Hainan, Kofferradios aus den Sonderzonen und ein schwer überschaubares Sortiment von Kosmetika und Sonnenbrillen wechseln mit Spielzeug und Büchern, Geschirr und Gläsern. Auf den Straßenmärkten in Kanton wird mehr angeboten und umgesetzt als auf denen Shanghais oder Pekings, immerhin sind Hongkong und Macau nicht weit und die ökonomischen Sonderzonen nahe.

Unablässig klingelnde Radfahrer schlängeln sich durch die Straßen und über die Märkte, machen den

Bussen und Taxis den wenigen Platz streitig. Noch bevor die großen Kaufhäuser ihre Eisengitter hochleiern und das Einkaufszentrum auf dem Messegelände die Glastüren öffnet, drücken sich die ersten Besucher aus den Vororten und vom Lande an den Schaufenstern die Nasen noch platter und bestaunen die neuesten Rekorder und Videos, Personalcomputer und Farbfernseher.

Inzwischen hat Kantons Rush-hour begonnen, und wer da dem Einheimischen in den Weg gerät, wird schon mal in kräftigem Kanton-Slang angeniest. Sein Glück oder Pech, wenn er die hiesige Zunge nicht beherrscht und nichts zu entgegnen vermag. Kantonesisch ist hier eine Religion, und nirgends im Lande tut sich ein Chinese so schwer, die chinesische Hochsprache, das Putonghua, zu erlernen wie in Kanton, wo man sich schon immer klüger, gewitzter und geschäftstüchtiger dünkte als im Norden, wo man sich allen übrigen Landesteilen gegenüber für überlegener hielt – nicht nur in der schnellen Sprache mit dem singenden Tonfall, der doppelt soviele Töne kennt wie das Putonghua, in der Vielfalt und Delikatesse der Küche, sondern auch im Handel und in der Lebenskunst.

Eine halbe Million Besucher kommt täglich in die Stadt, aus Neugier, zum Einkaufen, oder auch, um eine Atmosphäre zu schnuppern, die südländisches Temperament mit tropischer Gelassenheit und savoir vivre aufs erstaunlichste verbindet.

Die Provinz Guangdong mit ihrer Hauptstadt Guangzhou oder Kanton – daran erinnern alle Kantonesen nachdrücklich – ist allen anderen Gegenden vorzuziehen. China ist da, wo es immer warm und grün ist, am Wendekreis des Krebses, der die Provinz durchschneidet, wo Gemüse und Fisch nie knapp werden und nie alt, wo alle Früchte der Tropen reifen, die an den Bäumen und die im Meer.

Wie paradiesisch Kanton ist und mit wievielen Mängeln dieses Paradies behaftet sein mag, muß jeder selbst herausfinden. Für uns ist die Metropole am Perlfluß – wie auch für viele Chinesen – vital und voller Dynamik, quirlend und sprudelnd hier, und im gleichen Maße verschlafen und verträumt dort. Mehr Touristen als alle anderen Großstädte zieht Kanton an. Alljährlich kommen drei Millionen. Von denen sind eine halbe Million Ausländer, die meisten aus Hongkong, also doch keine Ausländer, denn sie sind Chinesen, und das bis 1997 noch britische Hongkong spricht denselben Dialekt wie die Kantonesen.

Das Leben pulsiert hier schneller, in einem Rhythmus, einem Fluidum, die den Besucher neugierig machen. Wir tauchen ein in das Gewimmel, lassen uns treiben durch die Gassen und über die Märkte, gehen dem besonderen Geruch nach, in dem der Dunst in der Luft eine Rolle spielt, der Schwamm an den Häusern, Fische und Abfälle, wo Weihrauch und Benzingestank sich mischen mit dem Brodem der Garküchen und den tausend Düften des äquatornahen Orients.

Alt ist Kanton, aber das sind alle wichtigen Städte in China, und über die meisten finden sich exakte Aufzeichnungen, die von der Besiedlung schon vor zwei Jahrtausenden berichten. Kantons Werden beginnt mit der Qin-Dynastie, also rund zwei Jahrhunderte vor der Zeitrechnung, und schon in der Tang-Zeit war hier einer der bedeutendsten Häfen des alten Orient entstanden, von dem Chinas Handel zunächst mit dem arabischen

182 Raum, später mit Japan und Europa abgewickelt wurde. Lange vor Shanghai war Kanton das chinesische Tor zur Welt, wurde kurz nach dem Anrücken der Kolonialmächte zum einzigen Handelsplatz für die Geschäftstüchtigen und Räuber aus Übersee, auch dann, als die britische Krone in Hongkong Fuß in China gefaßt hatte. Früher als alle anderen Großstädte wurde die Stadt in der Mitte des vorigen Jahrhunderts zum Schauplatz großer Erhebungen, zum Ausgangspunkt antifeudaler und antikolonialer Revolten. Große Bauernaufstände, beide Opiumkriege und schließlich die bürgerlich-demokratische Revolution von 1911, Chinas Aufbruch in die Neuzeit also, nahmen hier ihren Anfang. Die ersten Streiks haben hier stattgefunden, die frühesten Kämpfe gegen die Fremdherrschaft.

All dies hat an der Geschichte der Stadt mitgeschrieben, und die Spuren dieser Ereignisse sind es in gleichem Maße wie die Aufbauleistungen der Gegenwart, denen wir nachgehen und die unser Bild von dieser Stadt am Wasser formen.

Heute erinnert die Gedenkstätte für Sun Yat-sen mit ihrem Festsaal für 5000 Menschen an den größten Sohn der Stadt, wenngleich er im einhundert Kilometer entfernten Zhongshan geboren ist. Er war es, unter dessen Führung 1911 Puyi, der letzte Mandschu-Kaiser, vom Drachenthron gefegt wurde. Die runde Gedenkhalle mit den weithin leuchtenden blauglasierten Dachziegeln steht dort, wo er als erster Präsident der neuen chinesischen Republik residierte.

Ein Landschaftspark ist dem berühmten Kantoner Aufstand geweiht. Im Jahre 1927 kamen hier mehr als 5700 Menschen um, hingemetzelt von den Händen der Guomindang-Reaktion, die das patriotisch-revolutionäre Vermächtnis Suns mit der Aufkündigung des Bündnisses mit den Kommunisten verraten hatte. Opfer waren chinesische Kommunisten und Parteilose, und im Gedenkpark wird in Stein an den Beitrag zur Befreiung Chinas gemahnt, den auch Sowjetbürger und Koreaner geleistet haben . . .

Inzwischen steht Kanton mit seinen sieben Millionen Menschen an vierter Stelle in der Produktion, im Außenhandel und im Einzelhandelsumsatz unter den Großstädten des Landes. Reiche Bodenschätze, große Anbauflächen für Wasserreis, Zuckerrohr, Jute, Tee, Gemüse und Südfrüchte in tropischem Monsunklima, eine hochentwickelte Leichtindustrie und der florierende Tourismus haben zu raschem Wachstum geführt, sicherlich auch die Rührigkeit der Kantonesen und die stimulierende Nähe Hongkongs, woher im Rahmen der Öffnungspolitik Kapital, Know-how und Leitungsmethoden im Industriebereich herüberkommen gegen Rohstoffe, Nahrungsmittel und Trinkwasser.

Moderne Großbetriebe, glasblinkende Hotelpaläste, die teilweise als gemischte Unternehmen mit ausländischen Hotelketten geführt werden, die zweimal jährlich abgehaltene größte Exportmesse Chinas und die Nähe der ertragreichsten Off-shore-Ölfelder schaffen Arbeitsplätze und einen vergleichsweise hohen Lebensstandard für viele, wenngleich die Stadt mit den gleichen Wohnungs- und Verkehrsproblemen zu tun hat wie Shanghai oder Tianjin. Ähnlich wie in Shanghai, aber anders profiliert, entsteht mit Kanton als Zentrum und dem Perlflußdelta als Umfeld ein integriertes Wirtschaftsgebiet, das Vorreiter für ganz China werden soll.

In der Provinzhauptstadt wie in Foshan, Zhongshan oder auf Hainan ist der Wachstumsschub im Gefolge der Reformen unverkennbar und wird uns bereitwillig erläutert. Auch hier haben wir in Betrieben, Schulen und auf den Dörfern Gelegenheit, uns mit dem zunehmend besseren Leben der Menschen vertraut zu machen. Dabei wird im Straßenbild wie auch in der Industrie und im Handel eine Spezifik dieses Raumes sichtbar, die Bestandteil der vom jüngsten Parteitag neu bestätigten und fortgeschriebenen Politik der Reformen und der Öffnung ist.

Kanton ist eine von 14 im Jahre 1984 designierten »offenen Küstenstädten«, die Sondervollmachten und Förderung im Sinne beschleunigter Wirtschaftsentwicklung genießen und direkten Außenhandel betreiben dürfen. In Südchina ist Kanton die wichtigste dieser »offenen Küstenstädte«. Über Investitionsobjekte mit Auslandskapital kann die Stadt weitgehend selbständig entscheiden. Ebenso dürfen direkte Handelsbeziehungen mit anderen Ländern und Territorien unterhalten werden, was auch für Einzelbetriebe gilt. Kanton und mehrere Städte der Provinz Guangdong haben somit seit Jahren mehr an Wissenschaft und Technik, an Mitteln und an Spitzentechnologien ins Land geholt als andere Provinzen und sind so in manchen Teilbereichen zu einem Schrittmacher der Modernisierung geworden.

Der spezielle Status von Guangdong wird deutlich an der Schaffung von drei wirtschaftlichen Sonderzonen, eine vierte existiert in Xiamen, gegenüber von Taiwan in der Provinz Fujian. Die Sonderzonen Guangdongs liegen in unmittelbarer Nachbarschaft von Hongkong und Macau und haben sich seit ihrer Schaffung in den frühen achtziger Jahren zu Gebieten mit überdurchschnittlichen Wachstumsraten entwickelt. So entstanden in Shenzhen, der mit 325 Quadratkilometern größten und am weitesten entwickelten Sonderzone, die im Süden direkt an die New Territories der Kronkolonie angrenzt, moderne ausschließlich umweltfreundliche Industrieanlagen, in denen Qualitätsgüter rationell und automatisch gefertigt werden. Spitzenprodukte der chinesischen Unterhaltungselektronik, der Textilbranche und der Chemie kommen häufig aus den Sonderzonen und sind im ganzen Lande gefragt. China bedient sich hier eigener Formen der Industriekooperation, der finanziellen und technologischen Zusammenarbeit mit kapitalistischen Industriestaaten. Dabei ist die Bildung von gemischten chinesisch-ausländischen Gesellschaften die häufigste und ertragreichste Variante, mit Hongkong, Japan, den USA und den EG-Staaten als den häufigsten Partnern.

Die auf den Export orientierte Produktion dieser Betriebe und ihr hoher technologischer Standard bei streng kontrollierter Kosteneffizienz strahlen auch auf die übrigen Landesteile ab, üben Pilotfunktion aus für andere Unternehmen. Zugleich ist die Schaffung von Sonderzonen, mit denen im Rahmen der Gesetze des sozialistischen China kapitalistische, also marktwirtschaftliche Enklaven entstehen, ein Angebot an jene Territorien, in deren Nähe sie sich befinden: Hongkong wird 1997 wieder unter chinesischer Souveränität stehen, bei der Aufrechterhaltung eines administrativen Sonderstatus mit kapitalistischem Grundmodell für weitere fünfzig Jahre. Eine vergleichbare Lösung schlägt die Volksrepublik für die friedliche Wiedervereinigung mit ihrer einzigen noch nicht befreiten Provinz, für Taiwan, vor. Taiwan soll dann noch größere Sonderrechte erhalten und würde gleichfalls noch für viele Jahre kapitalistisch bleiben, aber unter der Hoheit der Volksregierung stehen. China hätte, wie es die Partei vorschlägt, »ein Land und zwei Systeme«.

Die Einrichtung quasi-kapitalistischer Enklaven aus wirtschaftlicher und politischer Situation heraus wird damit zum Spezifikum der Volksrepublik unter ihren konkreten objektiven Bedingungen, und als wir später in der Großen Halle des Volkes in Peking dem Bericht an den XIII. Parteitag lauschen, wird die Politik der Öffnung allgemein, wie auch die Politik der Sonderzonen speziell als erfolgreich gewertet und ihre Forcierung beschlossen.

Hainan, so ist entschieden, nach Taiwan Chinas zweitgrößte Insel, wird zukünftig zur größten Sonderzone ausgebaut. Auf 34 000 Quadratkilometern werden ausländischen Interessenten attraktive Bedingungen geboten – billiger Baugrund, Arbeitskräfte, Rohstoffe, Steuernachlaß und Zollfreiheit –, um nicht nur die Insel zu erschließen, sondern beizutragen zur gesamtgesellschaftlichen sozialistischen Entwicklung Volkschinas.

Noch ist es nicht so weit. Noch ist vielleicht gerade Hainan der paradiesischste Flecken in China, zumindest für den, der kilometerlange unberührte Sandstrände sucht, oder sich auf den Fischmärkten von Sanya umtut, der südlichsten Stadt des Landes. Das Wasser an Hainans Küste ist klarer und wärmer als sonstwo im Lande. Zu Weihnachten, oder wenn die Pekinger bei Eis und Schnee ihr Neujahrsfest feiern, reicht eine halbe Stunde in Sanya für einen soliden Sonnenbrand, hat das salzige Wasser der südchinesischen See 26 Grad, sind Kokosnüsse, Papayas, Mangofrüchte und Ananas besonders saftig.

In den Straßen von Haikou, der Hauptstadt im Norden der Insel, in den neuentstandenen Betrieben und Schulen oder am Palmenstrand von Sanya können wir uns nur schwer vorstellen, daß die schöne Insel spätestens seit der Song-Dynastie als einer der am meisten gefürchteten Verbannungsorte im Reich der Mitte galt. Wer hierher ins feuchtheiße, malariaverseuchte Exil geschickt wurde, Kriminelle ebenso wie widerspenstige Beamte und politische Gegner, erlebte nicht mehr viele Jahre.

Auch nach der Befreiung blieb Hainan lange Zeit armes und entlegenes Grenzland, in das zunächst nicht viel investiert wurde. Erst mit dem Jahre 1983 begann die Insel, seither besonders gefördertes Verwaltungsgebiet innerhalb der Provinz Guangdong, zu prosperieren. Ein Werk in Haikou produziert fast eine Million Farbfernseher im Jahr, ein anderes Kühlschränke in großer Stückzahl. Die Südfrüchte von hier sind seit langem begehrt, und Chinas sprunghaft anwachsende Autoproduktion benötigt dringend den hier gezapften Kautschuk. Noch immer aber fehlen Mittel und Fachleute, um die Inselschätze zu heben. Dem soll der neue Status abhelfen, der Hainan zur eigenständigen jüngsten Provinz Chinas und zu seiner neuen Sonderzone macht. Ihre Potenzen, so sieht man es in Peking wie in Haikou, werden dann voll zum Tragen kommen, und sie sind beträchtlich: Mehr als 50 Minerale gehören dazu, riesige Öl- und Gasvorkommen im Festlandsockel ma-

chen das Eiland ebenso interessant wie die 60 Prozent aller chinesischen Zinkvorkommen und ein Drittel des gesamten Titans. Fische und Früchte gibt es überreichlich, und die See- und Flugrouten nach Hongkong und in die Länder Südostasiens sind den Exporten dienlich.

Wenn nunmehr Hainan zur Sonderzone erklärt wird, verbirgt sich dahinter eine Absicht, die auch für andere südchinesische Provinzen gilt, insbesondere für Guangdong und Fujian. Aus Existenznot sind lange vor und während der Revolutionsjahre Millionen Chinesen aus diesen Teilen des Landes ausgewandert. Aus Hainan allein waren es 1,7 Millionen, die über Hongkong, Macau, Südostasien und Übersee verstreut sind, viele von ihnen seit mehreren Generationen, und manche sind wohlhabend geworden.

Die differenzierte und tolerante Politik der Volksregierung den Auslandschinesen und den Bürgern Hongkongs und Macaus gegenüber hat dazu geführt, daß Hunderttausende in den letzten Jahren zurückgekommen sind in ihre Heimat, besuchsweise oder auf Dauer. Ihr Strom schwillt weiter an, und in vielen Gebieten Südchinas sind Siedlungen und Stadtviertel entstanden, die speziell auf ihre Lebensgewohnheiten und Bedürfnisse zugeschnitten sind. Und so sind immer mehr willens und in der Lage, ihr Geld und ihr Können in die Modernisierung der alten Heimat einzubringen, in der sie mit offenen Armen aufgenommen werden, und wo ihnen gerade in den Sonderzonen viele Anreize geboten werden. Mit den Mitteln von Auslandschinesen errichtete Betriebe und Schulen, Krankenhäuser oder Wohnviertel sind in Südchina keine Seltenheit und Teil der Öffnungspolitik, die in diesem Teil des Landes weitergehend ist und auch nicht auf die Sonderzonen beschränkt bleibt.

Für uns sind die Erfolge dieser Politik unverkennbar, auch wenn unsere Gastgeber ihre Probleme nicht verschweigen, die wohl überall dort entstehen, wo Neuland betreten wird im wirtschaftlichen und im sozialen Bereich. So hatte es auf Hainan Schmuggelaffären und Korruption, Spekulation und Bestechungsskandale in größerem Ausmaß gegeben, waren mit dem Kapital und den Zugereisten, auch über das Fernsehen aus Hongkong, Dekadenz und Pornographie ins Land gekommen. Gesetze und Bestimmungen gehen dagegen an, vor allem aber Erziehung und Überzeugung.

Ob hier auf Hainan oder in der Provinz Guangdong, die Verbesserung des Lebens für viele ist greifbar trotz aller Probleme, die die Geschichte hinterlassen hat, die von jenseits der Grenzen hereinschwappen oder hier neu entstehen, trotz aller Gegensätze auch, die wir, zurück in Kanton, immer wieder antreffen. Da ist im Süden der Stadt das schönste Hotel Chinas zu bewundern. Wie ein neues Wahrzeichen reckt sich die Fassade des »Weißen Schwans« turmhoch in den Himmel. Im geräumigen Foyer rauscht an einem bunten Pavillon ein Wasserfall nieder, und die Kette derer, die sich vor dieser romantischen Kulisse ablichten lassen, reißt tagsüber nicht ab. Die Zimmer und Restaurants, das Fitneßcenter und die Ladenarkade bieten mustergültigen Service, auch für Einheimische. Schon ist kaum noch zu unterscheiden, ob die schick gekleideten Mädchen mit ihren Begleitern im Café mit Ausblick auf den Perlfluß aus Hongkong kommen, oder ob sie Kantonesen sind, flott die Jacken, das Make-up und die Frisuren . . . Nur

wenige hundert Meter nördlich davon finden wir uns in einer anderen Welt wieder. Im Qingping-Basar inmitten der Altstadt müssen wir uns unter Zeltplanen und Blechdächern erst an das Halbdunkel gewöhnen. Aber auch dann ist schwer auszumachen, was die Hunderte Stände, Brettergerüste oder Schemel hier feilbieten an Gewürzen und Heilpflanzen. Wurzeln liegen da und Rinde, Trockenfrüchte, Blätter und Pflanzenfasern, Innereien und Absonderungen aller möglichen Tropenpflanzen, Eßbares allemal vom Lande und aus dem Wasser. Zimtborke und Ingwerknollen, Chillyschoten, Algen, junge Bambusschößlinge und Bohnenkeime; manche Nüsse und Kräuter, Pilze und Knollen erkennen wir gerade noch. Das meiste bleibt unbekannt. Ebenso geht es uns beim benachbarten Getier, wo Tintenfische und Austern, Krabben und Muscheln, Schnecken und Krebse, Garnelen, Hummern und Seegurken im Salzwasser schwimmen, aber auch Undefinierbares. Gegenüber mauzen in Käfigen Katzen und Dachse, warten Schildkröten, Schlangen, Eulen und Frösche, Ameisenbären und Wiesel auf ihr trauriges Ende. Die in Kanton gern gegessenen Hunde hängen im Ganzen geräuchert an Stangen. All dies kennt die kantonesische Küche, und wir haben später im traditionsreichsten Restaurant der Stadt Gelegenheit, manches zu kosten, an einer runden Tafel mit 25 Gängen, jeder appetitlicher angerichtet als der vorige. Nur auf Hunde- und Katzenfleisch hatten unsere Gastgeber verzichtet – sagen sie jedenfalls . . .

Die Kantonesen wollen gar nicht das ganze Paradies für sich. Und sie stimmen dem alten Spruch zu, daß man in Suzhou leben muß – es soll die schönste Stadt mit den hübschesten Mädchen sein – und in Liuzhou sterben, weil dort das beste Holz für den Sarg wächst. Essen aber, das läßt kein Kantonese in Zweifel ziehen, und so heißt es im selben Spruch, muß man in Kanton. Und eine andere Weisheit sagt auch gleich warum: Die Kantonesen, heißt es, essen alles, was vier Beine hat, außer Tischen; alles, was im Wasser schwimmt, außer Schiffen; alles aus der Luft, außer Flugzeugen; alle Zweibeiner, nur Menschen nicht.

Ganz so schlimm ist es nicht. Daß aber in diesem Teil Chinas traditionell sehr große Sorgfalt auf die Zubereitung der Speisen verwendet wird, daß Phantasie und Gewürze nahezu alles Eßbare in eine Delikatesse verwandeln und das Angebot der Natur hier reicher ist als im Landesnorden, steht außer Zweifel und ist ja durch Schiffsköche und Auswanderer auch in anderen Teilen der Welt bekannt geworden. War es früher eher die Not, die erfinderisch machte, so ist es heute der langsam, aber stetig wachsende Wohlstand und die Phantasie der Kantonesen, die lukullische Wunder auf den Tisch zaubern und auch uns den Abschied schwer machen vom heißen Kanton, dem schließlich schon die Götter wohl wollten: Zu fünft ritten einstmals die Himmlischen auf Ziegen zur Erde nieder, die Reisgarben im Maul trugen, das Symbol für Glück und Wohlergehen. Die Städter danken es ihnen noch heute mit Ziegenskulpturen auf Straßen und Plätzen und heißen ihr Kanton immer noch die Ziegenstadt.

Wo ist denn nun das Paradies in China? Haben wir es im Hochland von Tibet zu suchen, wo es das sagenumwobene Shangrila geben soll? Glauben wir den Leuten von Suzhou mit ihren Gärten und Kanälen, die ihre Stadt und ihre Mädchen die schönsten heißen im Land? Ist Hangzhou mit dem stillen Westsee, mit den romantischen Pagoden und der Drachenquelle vorzuziehen, wo der ganz besonders edle grüne Tee reift? Zieht es uns zur Märchenlandschaft von Guilin, wo sich der Fluß durch die schönste Karstlandschaft Chinas windet und die Kormorane vom Bambusfloß aus die Fische fangen, mit einem Ring um den Hals, damit sie sie nicht verschlucken? Oder lassen wir uns von der Beschaulichkeit des Buddhaklosters auf dem Emei-Berg in Sichuan gefangennehmen? Fesseln uns die steilabfallenden Terrassenfelder in Yunnan mehr als der Kranichturm von Wuhan am majestätischen Changjiang? Fühlen wir uns wohler in den quirligen Gassen von Shanghai oder bei den Bauern von Hubei, abseits der großen Städte? Geben wir den weiten, winddurchtosten Steppen im Nordwesten den Vorzug, wo die Uiguren die Hammel rösten, oder dem weißen Strand von Sanya auf Hainan, wo die Kokosnüsse fast umsonst zu haben sind und die Hummern frischer schmecken als irgendwo?

Wir geben die Suche auf. Das Paradies haben wir nicht gefunden, wohl aber die Faszination erfahren, die von diesem Land ausgeht, das alt und jung zugleich ist, das sich ebenso verschlossen zeigt, wie es sich unseren Blicken und Fragen öffnet, das uns aufgenommen hat und uns nun entläßt mit dem wohl schönsten Abschiedswort: Kommt bald wieder.

Auf der vorhergehenden Seite: Der Potala-Palast in Lhasa, einst der Sitz der Dalai Lamas, ist der höchstgelegene Palast der Welt

Die Tempel, Klöster und Paläste Tibets vereinigen in ihrer Architektur chinesische Elemente mit indisch-nepalesischen und der Grundform des Nomadenzeltes auf dem Hochland

Die architektonische Aufgliederung des Potala-Palastes entspricht der auf Leibeigenschaft gegründeten Despotie des Lamaismus. Um verschiedene Innenhöfe gruppieren sich Wirtschaftsgebäude und Andachtsstätten

Nahezu die gesamte tibetische Bevölkerung folgt buddhistischen Riten und Bräuchen. Pilgerreisen zu den Tempeln und Gebete gehören zum Alltag im autonomen Gebiet

Vor dem Jokhang-Tempel im Herzen der Altstadt von Lhasa finden sich schon am frühen Morgen die Pilger ein. Sie beten, bringen Opfer dar oder meditieren an geweihter Stätte

Vor dem Jokhang-Tempel haben sich Lamas und Novizen zum Gebet-Gesang niedergelassen

Auf den folgenden Seiten: Der Vorplatz am Jokhang-Tempel in Lhasa

Ob im Arbeitsalltag oder auf der Pilgerreise – die Kinder sind immer dabei. Die Familienverbände sind stark, und die Orientierung auf die Ein-Kind-Ehe, wie sonst in China, gilt nicht für Tibet

Auf den folgenden Seiten:
Türen und Fenster erinnern in den Grundformen
an den Zelt- oder Jurtenvorhang

198

Zum Zeitpunkt der Befreiung waren 95 Prozent aller Tibeter Analphabeten. Heute gehen fast alle Kinder zur Schule

Religionsfreiheit in Aktion: Viele Jungen lernen die ersten Jahre im Lama-Kloster. Einige bleiben, die meisten besuchen nach drei oder vier Jahren öffentliche Schulen

Auf den vorhergehenden Seiten:
Karg, aber majestätisch –
Landschaft in Tibet

Häuser, öffentliche Plätze und wie hier die Hängebrücke sind oft mit den fünffarbigen Wimpeln der buddhistischen Lehre geschmückt, darauf aufgedruckt Gebete und Sinnsprüche. An heiligen Stätten hinterlegen die Pilger flache Steine mit eingemeißelten Sutren und segenbringenden Inschriften

208

Porträts von Angehörigen verschiedener nationaler Minderheiten

Klöster und Tempel wie hier in
Kunming sind voller Statuen und
Bilder aus der buddhistischen
Legende oder der Lehre des Dao

Der Innenhof in einem Dao-Kloster auf dem Berg »Grüne Mauer« bei Chengdu, der Provinzhauptstadt von Sichuan. Der Daoismus sucht das Wesen des Seins in der Einsamkeit der Berge. Garten- und Landschaftsgestaltung nehmen einen geachteten Platz ein

Auf den vorhergehenden Seiten:
Reusen auf dem Dian-See bei Kunming,
der Hauptstadt von Yunnan

Angehörige
nationaler Minderheiten
in der Provinz Yunnan

In den feucht-heißen Bergen von
Yunnan gedeiht der Reis hervorragend.
Seine Bestellung ist aufwendig,
ob mit Maschinen oder Muskelkraft

Die Drei Pagoden am Fuß der Cang-Berge in Dali in der Autonomen Präfektur der Bai-Nationalität. Die rechteckige Qianxu-Pagode stammt aus der Tang-Dynastie und ist 69,3 Meter hoch. Die beiden anderen messen 43 Meter

Auf den folgenden Seiten:
Reisterrassen in der Bergwelt von Yunnan im Südwesten Chinas

Hotelneubau
in der Provinz Guangdong

Pagoden gehören zu den ältesten Kulturdenkmälern Chinas

桂林百貨大樓

Geschwungene Steinbrücken über die Kanäle der 2500 Jahre alten Stadt Suzhou. Marco Polo nannte sie das Venedig des Ostens

Landschaftsstimmung am Westsee von Hangzhou. Sie zählt zu den schönsten Landschaften Chinas

Auf den folgenden Seiten:
Durch die bizarren Karstfelsen von Guilin im Autonomen Gebiet Guangxi schlängelt sich der Li-Fluß

In der Altstadt von Kanton

Vor der großen Exportmesse-
halle in Kanton

Auf dem Perlfluß

Noch heute wird ein Großteil des Güterverkehrs im Süden des Landes zu Wasser abgewickelt

Die Zucht und Haltung von Singvögeln ist unter
Chinas Alten sehr verbreitet. Mitunter sind
die Gefiederten auch bei der Mahlzeit präsent

Auf den vorhergehenden Seiten:
Flußlandschaft mit Reisfeldern
im Süden des Landes

Chinas Städte haben alles, nur keinen Platz.
Die Bevölkerungsexplosion
schafft trotz Familienplanung Wohnungsnot

Trotz aller Modernisierung:
Noch immer ist in vielen Bereichen
harte körperliche Arbeit vonnöten,
auch in der Fischerei

Dem Motor hilft das Segel.
Der Transport zu Wasser ist noch immer am kostengünstigsten und spart Energie

242

Das Kunstgewerbe, wie hier in Foshan in der Provinz Guangdong, schafft Schönheit, Arbeitsplätze und Einnahmen – auch Devisen

Auf den folgenden Seiten:
Textilbetrieb in Foshan. Immer mehr bestimmen moderne Großanlagen das Bild der Industrie des Landes

广州市

107
服务时间
头车 6.00 时
末车 22.00 时
夏令时向后顺延一小时
东山
中山医
烈士陵园
大东门
仓边路
北京路
公园前
朝天路
西门口
高基
荔湾路
南岸
中山八路
101
大沙头
白云路
东华路
省医院
烈士陵园
大东门
仓边路